高校文化育人研究

◎王恩惠 著

湘潭大学出版社
XIANGTAN UNIVERSITY PRESS

目　　录

第一章　高校文化育人概述

第一节　文化的概念及功能

文化，是一个古老的词汇，其内容十分广泛和丰富，由“文”和“化”两个字组成，在汉语口语系统和典籍中，“文”“化”和“文化”都是常用词汇，也是众多学科的研究对象和范畴，不同的学科、不同的学者甚至不同的语境下，人们对“文化”所下的定义不同。作为一种精神现象，在不同的范围、不同的层次，文化具有不同的功能，其中，教化功能、育人功能是文化最主要的功能。

一、文化概念的演变

“文化”是一个内容十分广泛和丰富、包罗万象的系统，是一个纷繁复杂的概念，“文化”一词，既是一个汉语词汇，也是一个外语词汇。据不完全统计，古今中外学者关于文化的定义不下两百种，但都莫衷一是，因此，构成文化概念上的仁者见仁、智者见智的现象。

（一）国内“文化”概念的演变

“文”和“化”为汉语中常用的两个字，也可以看作是汉语中的两个单音节词汇，随着语义学的发展，成为一个词语“文化”。

1.“文”字溯源

《易经》中说：“物相杂，故曰文”，《礼记·乐记》中称：“五色成文而不乱”，在此，“文”即各色交错的纹理，这是“文”的本义，后来引申为“包括语言文字在内的各种象征符号，进而具体化为文物典籍、礼乐制度”，《尚书·序》所载伏羲画八卦，造书契，“由是文籍生焉”，《论语·子罕》所载孔子说“文王既没，文不在兹乎”等，就是这个意思；后来，由“各色交错的纹理”这一意思又导出彩画、装饰之意，引申为修饰、人为加工、经纬天地、人为修养等含义，与“质”“实”意思相近，所以《尚书·舜典》疏：“经纬天地曰文”，《论语·雍也》中也称“质胜文则野，文胜质则史，文质彬彬，然后君子”；再后来，其意又进一步推衍为美、善、德行、文德教化，以及文辞、文章等含义，与“野”对称，或与武事对称，这便是《礼记·乐记》所谓“礼减而进，以进为文”、郑玄注“文犹美也，善也”、《尚书·大禹谟》所谓“文命敷于四海，祗承于帝”D之中“文”之意所在。《说文解字》中又讲：“文，错画也，象交文”，即“错而画之，乃成文”。在中国传统文化习惯中，“文”含有文明、文章、人文等含义。从“百度汉语”中可以搜索到，“文”字的意思则多达12种：（1）字；语言的书面形式；（2）文章；（3）文言；（4）指文科；（5）非军事的，与“武”相对；（6）柔和，不猛烈；（7）旧指礼节、仪式等；（8）指自然界的某些现象；（9）在身上、脸上刺画花纹或字；（10）文饰，掩饰；（11）量词，用于旧时的铜钱；（12）姓氏。足见其义之丰。

2.“化”字探源

“化”是汉语中的常见字，最早见于商代甲骨文。“化”字的古字形由一个头朝上的人和一个头朝下的人组成，其本义为“生成”“变化”“改变”“造化”“化育”等，如《庄子·逍遥游》：“化而为鸟，其名曰鹏”；《易·系辞下》：“男女构精，万物化生”；《黄帝内经·素问》：“化不可代，时不可违”；《礼记·中庸》：“可以赞天地之化育”等。可见，“化”主要指事物形态或性质的改变，由此义引申为通过教育使风俗、风气、人心发生改变，这一过程称为“教化”，如“我无为而民自化”（《道德经》）；还可引申指风俗、风化，也指自然界从无到有、创造化育世间万物，即造化；另外，“化”又可引申为教行迁善之义，即以德化民，如《礼记·乐记》中的“化民成俗”。《说文解字》中讲：“化，教行也。”“百度汉语”中搜索到的“化”有10种意思：（1）变化，使变化；（2）感化；（3）熔化，融化，溶化；（4）消化，消除；（5）烧化；（6）（僧道）死；（7）指化学；（8）后缀，加在名词或形容词之后构成动词，表示转变成某种性质或状态；（9）姓；（10）（僧道）向人求布施。按照中国传统文化习惯，“化”包含有变化、转化、进化、开化等含义，如《易·系辞》中所讲“拟议以成其变化”，而在现代汉语中，“化”字多表示转变为某种性质或状态，或表示将某种事物普遍推广，作后缀用。

3．“文化”词源

最早表达“文化”一词含义的，当数《易经》：“刚柔交错，天文也；文明以止，人文也。观乎天文以察时变，观乎人文以化成天下。”其意是说，天生有男有女，男刚女柔，刚柔交错，这是天文，即自然；人类据此而结成一对对夫妇，又由一对对夫妇而化成一个个家庭，最终形成国家，乃至天下，这是人文。通过观察天象，来了解时序的变化，通过观察人类社会的各种现象，用教育感化的手段来治理天下。《易经》中的这段话强调，治国者既要观察“天文”，以明了时序之变化，还需观察“人文”，使天下之人均能遵从文明礼仪，行为止其所当止，为其所当为。“人文”，指人伦社会规律，即社会生活中人与人之间纵横交织的关系，如君臣、父子、夫妇、兄弟、朋友，构成复杂的人际关系网络，具有纹理表象。在此，“文化”虽然尚未作为一个独立的词汇运用，但其中的“人文”和“化成”即已构成完整的“文化”的含义，“以文教化”的思想已十分明确。《论语》中也记述了孔子曾极力推崇周朝的典章制度，他说：“周监于二代，郁郁乎文哉！吾从周。”（《论语·八佾》）这里的“文”也已经非常接近“文化”一词的意味了。而将“文”和“化”正式联用，将“文化”作为一个独立的词汇，最早出自西汉刘向编撰的《说苑》一书，《说苑·指武》中写道：“圣人之治天下也，先文德而后武力。凡武之兴，为不服也。文化不改，然后加诛。”此外，《文选·补亡诗》中还记载有南朝梁昭明太子萧统所谓“言以文化辑和于内，用武德加于外远”，即所谓“文化内辑，武功外远”的说法。在此，“文化”一词，强调的是与武治、武力相对的教化文治，其本义就是“以文教化”，即以“文”对人的性情进行陶冶，对人的品德进行教养。后来，南齐王融在《三月三日曲水诗序》中写道：“设神理以景俗，敷文化以柔远。”可见，在中国古代，“文化”的概念更多是侧重于“文治”“教化”、礼仪风俗、礼乐典章制度等意义，更多是指以伦理道德教导世人，使人“发乎情，止乎礼”的意思。

4．“文化”一词的嬗变

从最本原的含义来讲，“文化”一词或与天造地设的“自然”相对，或与未经雕琢的“质朴”“野蛮”等原生态状态相对。随着社会的发展变化，尤其是西方人文社会科学的传入，“文化”一词的含义也在不断丰富和发展，逐渐演化为一个内涵丰富、外延宽广的多维概念，成为众多学科探究、阐发的对象，从而呈现出对“文化”概念的“百家争鸣”盛况。林毅夫在《经济发展与中国文化》一文中写道，什么是文化。当然定义文化的方式非常多，不同学者的定义方式会不一样，我个人比较接受费孝通先生的一个定义，他认为文化包含三个层次：第一个层次是生产、生活的工具，国家、社会用什么样的工具、器物来生产、生活。比如中国人用筷子、西方人用刀叉、印度人用手抓，所用的器物不一样。这当然包括国家打仗时候用什么，用洋枪大炮、还是大刀长矛？这是器物层次；第二是组织层次，按照费孝通先生的定义，包括这个社会里面怎样把个人组织起来，让单独的个人能够结合在一起、在一个社会里面共同生活以及他们之间怎样互动。它包含很多内容，比如政治组织、宗教组织、生产组织、国家机器等等；此外还包含一个价值观念的层次，人怎么想，什么可以接受？什么不可以接受？什么好？什么不好？好坏之间，各个社会的价值观念、行为选择标准不一样。三个层次不可分割，是一个有机整体。有学者认为，文化是指人类精神生产的领域，是观念形态的反映，其核心内容是作为精神产品的各种知识。如，任继愈先生认为文化有广义和狭义之分，广义的文化，包括文艺创作、哲学著作、宗教信仰、风俗习惯、饮食器服之用，等等；狭义的文化，专指能够代表一个民族特点的精神成果。梁漱溟先生则认为，文化，就是吾人生活所依靠的一切，意在指示人们，文化是极其实在的东西。文化之本义，应在经济、政治，乃至一切无所不包，在他看来，文化从外延上讲，是无所不包的。钱穆先生认为，文化只是“人生”，只是人类生活。文化是指集体的、大众的人类生活，他认为中国的“文化”偏重于精神方面，最简切扼要言之，乃以教人做一好人，即做天地间一完人，为其文化之基本精神者，他强调的是文化的精神属性。以上观点，或仅从“文化”的内涵角度来做解释，或仅从“文化”的外延方面来做说明，凡此种种，不一而足。根据新中国成立后修订的《词源》，“文化”一词是指文治和教化，具体而言，文化指人类社会历史发展过程中所创造的全部物质财富和精神财富，也指社会意识形态。改革开放以来，文化界思想也越来越活跃，对“文化”的定义以及文化相关问题的研究也日渐成为中国学术界的一股潮流。

5.“文化”的定义

关于“文化”的定义，林林总总。有学者认为，文化是人类在处理人和世界关系中所采取的精神行动与实践活动的方式及其所创造出来的物质和精神成果的总和，是活动方式与活动成果的辩证统一，这个定义强调，文化不仅是一种在人本身自然和身外自然的基础上不断创造的过程，而且是一种对人本身的自然和身外自然不断加以改造、使人不断从动物状态中提升出来的过程，这表明，“文化”的本质在于“创造”。也有学者认为，文化是人的生命活动发展的特殊方式，是人与自然、人与世界全部复杂关系种种表现形式的总和。如台湾作家龙应台将“文化”定义为：文化其实体现在一个人如何对待他人、如何对待自己、如何对待自己所处的自然环境。在一个文化厚实深沉的社会里，人懂得尊重自己——他不苟且，因为不苟且所以有品位；人懂得尊重别人——他不霸道，因为不霸道所以有道德；人懂得尊重自然——他不掠夺，因为不掠夺所以有永续的智能，在此，她强调品位、道德、智能，是文化积累的总和。作家梁晓声认为，文化是根植于内心的修养，无需提醒的自觉，以约束为前提的自由，为别人着想的善良。龙应台和梁晓声的文化定义，更多强调的是一种人文素养和品格修养。

与以上定义表述冗长不同，著名文化学者余秋雨给文化做了最简短的定义：文化是一种成为习惯的精神价值和生活方式，它的最终成果是集体人格。对此定义，他自己说，这个定义好不好暂不去管它，但肯定是全世界最简短的。这个定义包含三个核心概念：精神价值、生活方式、集体人格。用他自己的话说，作为组成文化含义的精神价值和生活方式，在早期时间顺序上，是生活方式在前，精神价值在后。但当精神价值一出现，文化就有了主心骨。文化定义的精华，是“集体人格”这个概念，它使文化找到了终极归结点，那就是人，对此定义，他进一步阐释道，当生活稳定成习惯，就变成了生活方式；在一定生活方式中，人会逐渐处置自己与天地、与家族、与他人的关系，于是就出现了精神价值；精神价值和生活方式经过长时间的沉淀而为集体人格。

关于“文化”的定义，目前最权威的解释出自《辞海》一书，其中将“文化”一词的含义划分为三种。其一，从广义来看，文化是人类社会历史实践中所创造的物质财富和精神财富的总和；从狭义上讲，文化是社会意识形态，以及与之相适应的制度和组织机构。其二，泛指一般知识，包括语文知识在内。例如“学文化”就是指学习文字和求取一般知识；又如对个人而言的“文化水平”，也是指一个人的语文和知识程度。其三，指中国古代封建王朝所实施的文治和教化的总称。可见，文化是相对于经济、政治而言的人类全部精神活动及其产品。应该说，这个定义抓住了“文化”一词的基本特质，精准地解释了“文化”一词的内涵和外延，代表了我国目前大多数学者的观点。

（二）国外“文化”概念的演变

与汉语中“文化”一开始就具有“文治教化”含义不同，在国外，“文化”一词的含义也经历了一个不断变化和发展的演变过程。

1.“文化”词源

从词源和语义上考察，英文中与“文化”对应的词汇为“culture”“cul-ture”源于拉丁文“cultura”（名词），也与“colere”（动词）一词有关，“colere”原意指耕耘、栽培，即是用农业来暗喻哲学上所谓灵魂的发展，即人类发展的最高境界，也就是通过人的能力的培养及训练，使之超乎单纯的、原生态的“自然”之上，因而，这一词汇含有“培养”“耕种”“发展”“尊重”“教育”“居住”“练习”“留心”“注意”等多重意义，蕴含着通过人为努力摆脱自然状态的意思。古罗马哲学家西塞罗在《图斯库卢姆辩论》中首次使用“culture”一词的转义，他的“性灵的陶冶”“智慧文化即哲学”这些名言中，将“文化”的转义表达为改造、完善人的内在世界，使人具有理想公民素质的过程。此后，“文化”一词又逐渐引申为对禾苗的培育、培养，并在此基础上进一步引申为对人类心灵、知识、情操、风尚的化育。经过中世纪、文艺复兴、启蒙运动等阶段，至十七、十八世纪，“文化”的内涵已有相当的扩展，指称一切经人为力量加诸自然物之上的成果，即文化是指一切经过人为雕琢的产品之总和。

可见，外语中的“culture”是从物质生产活动逐渐引入到精神生产活动中的。在今天的英语中，culture有着十分广泛的用途，农业为agriculture，经过人工培养的珍珠为culturpearls，体育为physicalculture。最早从人类学立场对“文化”进行界定的是英国人类学家E·B·泰勒，他认为文化是一个整体，他在1871年出版的《原始文化》一书中，对文化的定义是：所谓文化（culture）或文明（civilization）就其广泛的民族之意义来说，乃是包括全部的知识、信仰、伦理道德、艺术、法律、习俗以及能为社会人员所接受与掌握的任何其他才能和习惯的复合体。这一界定，指明了文化的整体性，他对文化的这一概念对后来的许多社会科学家、人类学家都产生了很大影响。

2.“文化”概念分野

国外学者从不同的学科对“文化”概念的界定也不尽相同。当代西方学者萨莫伐尔在《跨文化传播概论》（1981）中说，文化是一个复杂而棘手的概念。给文化下定义看起来很简单，但如果细细考虑定义的内涵，则“文化”一词就显得十分宽泛，从而难于把握了。最早把“文化”作为一个独立概念使用的是德国法学家S·普芬多夫，他认为，文化是社会人的活动所创造的东西和依赖于人和社会生活而存在的东西之总和。英国一位文化人类学者马林诺夫斯基认为，文化是指那一样传统的器物、货品、技术、思想、习惯及价值而言的，并且包括社会组织。他将“社会组织”包含于“文化”定义之中。1952年，美国人类学家艾尔雷德·克劳泊和莱德克·鲁克霍斯罗列出由人类学、社会学、心理学等学科的学者对文化的定义，这些定义有描述性的、有历史性的、有规范性的、有心理性的、有结构性的、有遗传性的，在此基础上，他们对文化下了一个综合性的定义：文化是各种显型的或隐型的行为模式，这些行为模式通过符号的使用而习得或传授，构成包括人造事物在内的人类群体的显著成就；文化的基本核心包括传统的（即由历史衍生及选择而得的）观念，特别是与群体紧密相关的价值观念；文化体系既可被看作人类活动的产物，又可视为人类作进一步活动的基本条件。这个定义在学术界产生了巨大而且长久的影响，学术界也基本认同这一定义。可见，英、美传统的文化研究者将文化理解为既定事实的各种形态的总和，即将文化视为人类创造的物质和精神成果的总和。

德国古典哲学家康德则把“文化”界定为“有理性的实体为了一定目的而进行的能力之创造”；德国人类学家夏埃尔·兰德曼说，文化是由人自身的自由的首创性所创造的，正因如此，人类创造了丰富多彩的文化，例如不同的民族有不同的文化，不同的时代有不同的文化。德国传统的文化研究者则将文化理解为一种以生命或生活为本位的活的东西，或者说，生活的样态。

法国著名学者卢梭在他的《社会契约论》一书中指出，文化是风俗、习惯，特别是舆论。在他看来，文化的特点之一是，铭刻于人们的内心；特点之二是，文化是慢慢诞生的，但每天都能获得新生力量并逐渐取代过去的权威力量；特点之三是，能够维系人们的法律意识。法国另一位学者大卫·克雷认为，文化一词应具有两种相关的含义，文化首先支持着群体或组织成员广泛持有的神话、象征、故事等价值观念，同时，文化也代表着存在于一个国家或一些其他大型政治组织中以价值观念为基础所构筑成的共同团体。他进而指出，文化是一组通过学习可以获得的、共享的、相互关联的符号，它为团体成员提供某些方针，能为组织或团体的生存提供必要的解决方案。

荷兰哲学家冯·皮尔森说，文化不再是一种利在于人的、在历史中自动发生作用的非人格力量。这样看来，文化一词，与其说是名词，倒不如说是动词。故此，人们在考察文化时，就不应把它作为一个已完成的事态、一个现状，而应把它作为现代文化构成其一个阶段性的历史过程。显然，皮尔森对文化的界定具有浓厚的人本主义特色，宣扬了人的主体性，但是也揭示了一些深邃的哲理。皮尔森同时还指出：人应当成为自己的导师；人从不会停止在历史或自然过程所给定的东西上，而应坚持寻求增进、变化和改革。人不能单纯地问事物“是”怎样，而应问它“应该是”怎样。因此，人的生存具有用“超越性”战胜“固有性”的特征。

萨莫伐尔认为，文化是一种持续的、恒久的、无所不在的、为人们所接受的习惯性行为，在此基础上，他提出，文化是一种积淀物，是知识、经验、信仰、价值观、处世态度、意指方式、社会阶层的结构、宗教、时间观念、社会功能、空间观念、宇宙观以及物质财富等等的积淀，是一个大的群体通过若干代的个人和群体努力而获取的，萨莫伐尔的这一概括虽然缺乏严谨的逻辑性，但反映了20世纪人类对文化内涵的现代拓展。美国当代著名人类学家哈维兰在他的《当代人类学》（1987）中指出，可为人所接受的文化定义应是：文化是一系列规范或准则，当社会成员按照它行动时，该行为应限于社会成员认为合适和可接受的变化范围内。

可见，在西方，关于“文化”一词，在欧洲国家往往含有极深邃的精神意义，而在英美等一些国家，“文化”一词常常具有普遍的社会的、政治上的意义。尽管对“文化”的定义不同，但国外学者们都强调文化具有超自然性、超个体性的特点，都认为文化现象包含物质财富、精神产品和活动方式（思维、生产、生活、组织、行为等），是一个综合性的概念。

二、文化的内涵与外延

对“文化”这个概念，目前比较普遍的解读是，智慧群族的一切群族社会现象与群族内在精神的既有、传承、创造、发展的总和，一般包括历史地理、风土人情、传统习俗、生活方式、宗教信仰、文学艺术、道德规范、法律制度、思维方式、价值观念、审美情趣等等。其实，文化既包括世界观、人生观、价值观等具有意识形态性质的部分，又包括自然科学和技术、语言和文字等非意识形态的部分。所以，无论是东方还是西方的辞书或百科中都有一个较为共同的解释和理解：文化是相对于政治、经济而言的人类全部精神活动及其活动产品的总和。

（一）文化的内涵

文化的内涵探讨的是“文化”一词的深度问题。从上面对文化概念的探讨可以看出，“文化”是一个内涵丰富的概念。

1.“文化”的涵义

文化，有广义的文化，也有狭义的文化。从广义来看，文化指的是人类社会古往今来在文明与进化方面所取得的包括物质文明与精神文明在内的一切成果；从狭义来看，文化指的是由一定社会存在决定的社会意识形态各个方面的文明与进化的总和。毛泽东在《新民主主义论》中对文化作了这样的描述，一定的文化（当作观念形态的文化）是一定社会的政治和经济的反映，又给予伟大影响和作用于一定社会的政治和经济。这与马克思从政治立场出发对“文化”的理解是不谋而合的，马克思认为，文化的本质是意识形态及意识形态的产物，文化属于社会上层建筑，其发展程度受社会生产发展和经济基础的影响。

如前所述，文化是“人类全部精神活动及其活动产品的总和”，因此对文化的丰富涵义可以从不同的层面来加以理解和把握。从技术层面来看，文化指人类加工自然造成的技术的、器物的、非人格的、客观的东西；从价值体系层面看，文化是指人类在加工自然、塑造自我的过程中形成的规范的、精神的、人格的、主观的东西。无论是从技术层面还是价值体系层面看，文化都是主观和客观的统一，是主观和客观的总和。从这个角度讲，文化是凝结在物质之中又游离于物质之外的，能够被传承的国家或民族的历史、地理、风土人情、传统习俗、生活方式、文学艺术、行为规范、思维方式、价值观念等，它是人类相互之间进行交流的普遍认可的一种能够传承的意识形态，是对客观世界感性上的知识与经验的升华。

作为一种“总和”的意识形态，“文化”也可从不同的学科视角加以阐释，不少哲学家、社会学家、人类学家、历史学家和语言学家一直努力，试图从各自学科的角度来界定文化的内涵。从哲学学科的视域看，文化从本质上讲是哲学思想的表现形式，哲学的时代性和地域性决定了文化的不同风格，一般而言，哲学思想的变革往往会引起社会制度的变化，而且往往还会伴之以对旧文化的镇压和新文化的兴起。存在主义论者认为，文化是对一个人或一群人存在的时间和存在的空间的描述，从时间上来看，人存在于一定的历史年代和历史时代中，从空间上来看，人存在于自然界中。时间是一个人或一群人存在于自然界中的重要平台，社会、国家和民族（家族）是一个人或一群人存在于历史和时代中的另一个重要平台，文化是指人们在这种存在过程中的言说或表述方式、交往或行为方式、意识或认知方式。作为一种“总和”的意识形态，“文化”也可从不同的学科视角加以阐释，不少哲学家、社会学家、人类学家、历史学家和语言学家一直努力，试图从各自学科的角度来界定文化的内涵。从哲学学科的视域来看，文化从本质上讲是哲学思想的表现形式，哲学的时代性和地域性决定了文化的不同风格，一般而言，哲学思想的变革往往会引起社会制度的变化，而且往往还会伴之以对旧文化的镇压和新文化的兴起。

从人类学的角度，有学者提出，文化的实质就在人和人的活动本身，即“人化”和“化人”：“人化”是指人以自己的活动，按人的方式改造整个世界，使相关的一切打上人文印迹，烙上人文性质；“化人”则意味着用这些改造世界的人文成果来武装人、提升人、造就人，使人获得更全面、更自由的发展，日益成为“人”，在此，他把文化看作是一个动态的对人影响和作用的过程，并且强调，人是文化之根、之源，文化反过来也规定着人“是什么”，规定着人“应该是什么”“应该做什么”，提出作为受“文化”影响和改造的“人”本质和应该具有的行为状态。

2.“文化”的类型

就文化内蕴而言，文化具有不同的类型。按照不同的民族文化传统划分，有汉族文化、满族文化、藏族文化、蒙古族文化、苗族文化、土家族文化等；按照不同的宗教对文化的影响划分，有基督教文化、佛教文化、伊斯兰教文化；按照不同的社会功能，文化可分为礼仪文化、服饰文化、民俗文化等；按照文化对人的影响的不同，有积极文化和消极文化之分；按照文化的品相划分，有先进文化、落后文化和腐朽文化之分；按照文化的格调划分，有雅文化和俗文化；按照不同的社会阶层划分，有贵族文化、平民文化、官方文化、民间文化等；按照文化的社会形态划分，有校园文化、企业文化、社区文化、社团文化等；按照人的活动的社会性质划分，有生产文化、生活文化和消费文化等。

就文化发展的历程而言，按照文化源头划分，有游牧文化、农耕文化、商业文化、工业文化、后工业文化（或后现代文化）；按照历史发展进程划分，有原始文化、古代文化、近代文化、现代文化或前资本主义形态文化、资本主义形态文化、共产主义形态文化（马克思）；按照历史地域文化沿革划分，有齐鲁文化、荆楚文化、湖湘文化、吴越文化、燕赵文化等。还有学者将文化作为独立于政治、经济之外的精神领域，将文化归纳为造型文化，如建筑、雕刻、版画、壁画、园林艺术等等；表现与再现文化，主要形式是文学艺术，包括音乐、舞蹈、杂技、散文、诗歌、小说、影视、戏剧等；规范行为文化，即指导、规范人们的信念、理想、行为规则、生活方式等等的文化，主要包括伦理道德、风俗习惯、法律法规、原则规章等等；探索与传承文化，即人们探索客观规律并将知识传授、传播他人的文化，包括各门科学、各类教育和各种新闻。这种分类法很大程度上是从狭义的文化概念上来进行划分的。

总之，从内涵上来看，文化是一种社会历史现象，每一个社会都有与其相适应的文化，并随着社会历史的发展而发展。文化总是与人联系在一起的，文化的核心直接指向人，没有离开人的文化，没有人才能创造文化；也没有离开文化的人，人既创造了文化，也享受着文化，同时也受约束于文化，最终又要不断地改造文化。文化是与人类存在和发展密切相关的物质的、精神的社会历史现象的总和，它既具有意识形态性，又具有时代性、民族性、地域性等特征。

（二）文化的外延

文化的外延探讨的是“文化”一词的广度问题。人类传统的观念认为，文化是一种社会现象，它是由人类长期创造形成的产物，同时又是一种历史现象，是人类社会与历史的积淀物。文化是社会发展与人类创造的才智在历史上所达到的水平，它既体现于物质财富中，也体现于精神财富中。著名文化学者冯天瑜指出，文化的实质性含义是“人类化”，是人类价值观念在社会实践过程中的对象化，是人类创造的文化价值，经由符号这一介质在传播中的实现过程，而这种实现过程包括外在的文化产品的创制和人自身心智的塑造。依此定义，凡是超越本能的、人类有意识地作用于自然界和社会的一切活动及其产品，都属于广义的文化。关于文化的外延，学术界存在不同的结构划分，有“两分说”“三层次说”“四层次说”“五分法”“六大系统说”等，其中，“三层次说”和“四层次说”较为普遍。

1.“两分说”

“两分说”是将文化分为物质文化和精神文化两大类型。物质文化，是指人类为了适应自然并满足人类生存和发展需要所创造的物质产品及其所表现的文化，包括生产工具和劳动对象以及创造物质产品的技术，简单地说，就是满足人类衣、食、住、行所必需的全部物质层面的东西，文化不是物质本身，但文化可以以物质为载体，同样，物质也不是文化，但物质可以作为文化的载体而具有文化的内涵；精神文化是人类在从事物质文化基础生产上，在情感、心理上产生的一种特有的意识形态，它是哲学和其他具体科学、文学、宗教、艺术、音乐、戏剧、伦理道德以及价值观念等人类各种意识形态的集合体，其中，伦理道德和价值观念最为重要，是精神文化的核心部分。另外，美国文化交际学创始人斯坦利·霍尔（1959）在其著作《无声的语言》中指出，文化存在于两个层次中：公开的文化和隐蔽的文化。前者可见并能描述，后者不可见，甚至连受过专门训练的观察者都难以察知。霍尔将文化分为公开的文化（即显性文化）与隐蔽的文化（即隐性文化）两类，并指出，前者是指可以直接看见、听见的文化之物，后者则是不能直接看见、听见的文化之物。顾嘉祖对霍尔所说的“公开的文化”和“隐蔽的文化”做出了详细描述，他认为，“公开的文化”的界定标准是指一切可以用人的肉眼看得见、一目了然的东西，而“隐蔽的文化”主要指软文化，即精神文化，包括隐藏得很深的软文化及隐蔽在物质文化中埋藏得相对较浅的软文化两种，他认为隐藏文化层中的主要隐藏物是人的观念，而人的观念中最核心的是价值观念，价值观念可以主宰或影响人权观、劳动观、婚姻观、宗教观、法制观等其他观念。

2.“三层次说”

关于文化的外延，目前比较普遍的划分方法是“三层次说”。冯天瑜、何晓明、周积明将文化分为物质文化、制度文化和心理文化三种类型。他们认为，物质文化是指人类创造的物质文明，包括交通工具、服饰、日常用品等，它是一种可见的显性文化；制度文化和心理文化分别指生活制度、家庭制度、社会制度以及思维方式、宗教信仰、审美情趣，它们属于不可见的隐性文化，包括文学、哲学、政治、教育等方面的内容，还包括人类所创造的精神财富，包括宗教、信仰、风俗习惯、道德情操、学术思想、文学艺术、科学技术、各种制度等。张岱年、程宜山也将文化划分为三个层次：第一层次是思想、意识、观念等，主要包括价值观念和思维方式；第二层次是文物，即表现为文化的实物，既包括哲学著作、文学作品、文艺作品等“物”，也包括人类加工和改造过的科学技术物化形态的“物”；第三层次是思想观念所凝结而成的制度、法律、风俗、习惯、规章等。还有学者以文化的层面为划分依据，将文化划分为表层、中层和深层三个层次。表层文化主要为物质文化，指人们制造的各种产品；中层文化主要包括风俗习惯、价值观念、道德准则、审美情趣、思维方式、民族性格等；而深层文化则指哲学、宗教等关系人类命运存在意义的文化形态。加拿大心理学家汉科特·汉默里（1982）在论述语言与文化关系时，将文化划分为信息文化、行为文化和成就文化三个层次。信息文化指本族受教育者所掌握的关于社会、地理、历史等基本知识；行为文化指人的生活方式、实际行为、态度、价值等因素组成的文化；成就文化则是指艺术和文学成就，它是一种传统的文化概念。此外，还有些人类学家将文化分为高级文化、大众文化和深层文化三个层次。高级文化包括哲学、文学、艺术、宗教等；大众文化指习俗、仪式以及包括衣食住行、人际关系各方面的生活方式；深层文化主要指价值观的美丑定义，时间取向、生活节奏、解决问题的方式以及与性别、阶层、职业、亲属关系相关的个人角色。高级文化和大众文化均植根于深层文化，而深层文化的某一概念又以一种习俗或生活方式反映在大众文化中，以一种艺术形式或文学主题反映在高级文化中。

3．“五分法”

“五分法”是从文化的性质出发，以文化的组成要素为依据，将文化划分为物质文化、精神文化、社会文化、行为文化和观念文化五类。物质文化是指经过人类加工改造而制造出来的一切实用物品，包括各种工具、用具、食品、烟酒、服饰、建筑物等；精神文化是指体现人类文明的一切文化因素，包括文学、艺术、音乐、戏剧、电影等；社会文化是指体现政治、经济、教育等方面的社会关系和社会结构的文化因素，包括社会组织、经济团体、政府机构、教育机构、家庭结构等；行为文化是指与人类各种行为有关的一切文化因素，既包括人际交往能力（语言和非语言）、礼仪规范、行为准则等，也包括非交际性的一般社会行为，如度假休闲、恋爱结婚、生活方式、风俗习惯等；观念文化是指与人类世界观、价值观有关的一切文化因素，包括价值观念、思维方式、民族心理、审美情趣、伦理道德、宗教信仰等。这种分类法并没有阐述文化所依托的客观自然环境和历史背景等方面内容。美国著名翻译理论家尤金・A・奈达也在翻译中把文化分为五类：第一类是生态文化，它主要包括一个民族的地理环境、气候特点、地名等；第二类是物质文化，它主要包含一个民族的经济生活、日用物品、生产工具和设施以及科学技术等在内的文化；第三类是社会文化，指一个民族的传统、习俗、生活方式和社会活动的特点和形式，以及对个人、社会和阶层的习惯称谓等；第四类是宗教文化，主要包括一个民族的宗教信仰、宗教系统、宗教著作、宗教制度和规章；第五类则是语言文化，涵盖了语音、词素、词汇和句法等内容，语言本身就是一种文化，不同的语言具有不同的语言系统。这种划分更多的是将文化置于语言翻译的场景之中来加以考虑的。

4．“六大系统说”

“六大系统说”，认为文化包括物质文化、精神文化、社会关系、艺术、语言符号、风俗习惯六大系统；也有学者将文化的形态归纳为观念形态的文化、知识形态的文化、艺术形态的文化、制度形态的文化、产业形态的文化、民俗形态的文化六种形态。也有学者从文化反映的事物的性质出发，将人类所创造的文化分为伦理道德文化、科学技术文化、管理文化、思想哲学文化、历史文化、艺术文化和体育文化六类。标准不同，划分类型各异，但归根结底无非是物质层面的文化和意识（或精神）层面的文化。

5．“四层次说”

目前，在学术界比较认可的是四层次说，即将文化划分为物态文化、制度文化、行为文化、心态文化。物态文化层是人类的物质生产活动方式和产品的总和，是可触知的、可视的、具体的、实在的事物，如衣、食、住、行；制度文化层是人类在社会实践中建立的规范自身行为和调节相互关系的准则；行为文化层是人际交往中约定俗成的礼俗、民俗、习惯和风俗，它是一种社会的、集体的行为；心态文化层是人们的社会心理和社会意识形态，包括人们的价值观念、审美情趣、思维方式以及由此而产生的文学艺术作品。这是文化的核心，也是文化的精华部分。制度文化包括道德伦理、社会规范、社会制度、风俗习惯、典章制度、法律规章等。也有将文化分为物质文化、制度文化、风俗习惯、思想价值四个层次的划分方法。

总之，从外延上来看，文化的表现形式不是单一的，而是多层次、多类型、多方面内容的统一体，但总的来看，无论是“两分说”“三层次说”“四层次说”“五分法”还是“六大系统说”，归根结底，大而言之，文化包括物质和精神两大层面。

三、文化的作用和功能

不同的文化对社会和个人产生的影响不同，就整个社会文化而言，有主文化和亚文化两大文化类型。主文化是指在特定历史时期由占统治地位的生产方式所决定的作为社会的统治思想的文化，是特定历史时期占统治地位的道德伦理规范、制度规范、审美情趣、宗教信仰的综合。马克思指出，统治阶级的思想在每一时代都是占统治地位的思想。这就是说，一个阶级是社会上占统治地位的物质力量，同时也是社会上占统治地位的精神力量。支配着物质生产资料的阶级，同时也支配着精神生产的资料，因此，那些没有精神生产资料的人的思想，一般的是隶属于这个阶级的。占统治地位的思想不过是占统治地位的物质关系在观念上的表现，不过是以思想的形式表现出来的占统治地位的物质关系。主文化规范着一个社会的主要的行为方式，是理解特定时代的时代风貌的关键。亚文化是与主文化相区别的不占主导地位、非主流的文化。亚文化具有多种类型，如以民族性为特征的亚文化，以地域性为特征的亚文化，以宗教或教派为特征的亚文化，以学派为特征的亚文化，以阶级、阶层、社会集团为特征的亚文化，等等。亚文化体现出与主文化或多或少背离的倾向，实施着不同于主文化的行为规范。本书所讨论的“文化”，都是对主流文化的探讨。

（一）文化的社会作用

文化作为一种精神力量，能够在人们认识世界、改造世界的过程中转化为物质力量。按照马克思主义的观点，经济基础决定上层建筑，社会存在决定社会意识，反过来，上层建筑对经济基础、社会意识对社会存在都具有能动的反作用。在一定社会中，文化属于社会上层建筑，是一种社会意识或社会形态，因而，在国家和社会发展进程中，社会主流文化发挥着非常重要的作用。

1. 提升国际地位

习近平总书记讲，文运同国运相牵，文脉同国脉相连。任何一个国家的发展都要依靠“两条腿”走路：一条腿是物质的硬实力，另一条腿是文化的软实力，二者如车之两轮、鸟之双翼，不可偏废，只有物质硬实力和文化软实力都强大，一个国家才是真正的强大，才能在世界上拥有较高的地位，才能在世界民族之林立于不败之地。文化本身是国家的一种软实力，是一个国家综合实力的重要标志，也是一个国家综合国力的重要组成部分。文化蕴含着巨大的力量，文化软实力是指一个国家文化的影响力、提升力、凝聚力和感召力，它是国家软实力的核心因素。当今世界，各国之间综合国力竞争日趋激烈，文化在综合国力竞争中的地位和作用越来越突出，谁占据了文化发展的制高点，谁掌握了文化的话语权，谁就能够更好地在激烈的国际竞争中掌握主动权。正如美国战略家布热津斯基所言，控制人类共同命运努力的成败，归根结底取决于具有极端重要意义的哲学和文化层面，正是它形成了指导政治行为的重要观念和影响。一句话道出了文化软实力在国家发展中举足轻重的地位。从国际上而言，文化软实力的提升有助于提升国家形象，有助于扩大国家的国际影响力以及知名度，并以此吸引外国的精英人才汇聚，以提升国际地位。所以，习近平总书记也反复强调，提高国家文化软实力，关系“两个一百年”奋斗目标和中华民族伟大复兴中国梦的实现，不无道理。

2. 增强民族自信

文化建设的任务、意识形态建设的任务，很大程度上，就是要解决文化共识、民族凝聚力、民族文化自信的问题。文化自信是更基础、更广泛、更深厚的自信，是更基本、更深层、更持久的力量，每一个民族有体现自身特点的民族精神，它反映了一个民族的心理特征、文化传统、精神风貌，它从精神气质上把一个民族与另一个民族区别开来。文化的力量，已深深熔铸在民族的生命力、创造力和凝聚力之中，人们所进行的一切创造归根到底都是文化的创造，文化是民族生命力凝聚力创造力的源泉，与经济、政治深层交融、相互胶着，文化软实力也有利于国家民族凝聚力的提升，提高国民的民族认同感、荣誉感，以及民族精神的弘扬和传承，从而增强民族自信心、自尊心和民族自豪感。习近平总书记说：文明特别是思想文化是一个国家、一个民族的灵魂。无论哪一个国家、哪一个民族，如果不珍惜自己的思想文化，丢掉了思想文化这个灵魂，这个国家、这个民族是立不起来的。这段话充分表明，文化关系到民族的发展、繁荣、兴盛，文化是民族自信的思想基础，没有高度的文化自信，没有文化的繁荣兴盛，就没有中华民族伟大复兴，文化是一个国家和民族的灵魂，民族自信很大程度上也来源于文化自信。作为一种“持久的、更深层次的”精神力量，文化是中国人民在长期实践中积累创造的精神财富，体现着中华民族的特性，孕育着中华民族自强、自立、自信的精神品格。

3. 促进社会发展

社会发展的历史表明，人类社会每一次跃进，人类文明每一次升华，无不伴随着文化的历史性进步，文化的核心是价值观，文化对于国家核心价值观的形成和维持、社会凝聚力和创造力的提升、国民素质的提高，都有着重要的促进作用，文化建设意在为全国各族人民不断前进提供坚强的思想基础、强大的精神力量、丰润的道德滋养。对一个民族和国家而言，文化越来越成为民族凝聚力和创造力的重要源泉，越来越成为经济社会发展的重要支撑，越来越成为国家综合国力竞争的重要因素。文化对增强全民族文化创造活力，提高国家文化软实力具有重要作用，它可以为经济社会提供正确的方向保证、不竭的精神动力和强大的智力支持。对一定的社会而言，文化的社会属性决定了文化可以成为社会成员之间交流和沟通的媒介和桥梁，对全社会成员的行动具有整合作用，并从对社会秩序与社会和谐的要求出发，社会成员在交流沟通的基础上，构造出共同遵守的普遍准则，为社会的制度化和规范化提供了文化基础。某种文化的形成和确立，就意味着某种价值观和行为规范的被认可和被遵从，也就意味着建立在这种文化基础之上的某种社会秩序的形成，而且只要这种文化在起作用，那么由这种文化所确立的社会秩序就会被维持下去，这就是文化在发挥着维持社会秩序的作用。可见，文化使社会秩序得以维持，从而促进整个社会有序地向前发展。

4. 凝聚社会力量

文化是人类社会的灵魂，也是人类社会发展的内在驱动力，文化，特别是观念形态的思想文化，是一个国家和民族的灵魂，是凝聚社会力量的思想基础，任何社会的发展和时代的进步，都离不开社会成员通过“文化”凝聚而来的精神力量。人作为文化的主体和文化的单元，通过文化与外界发生着联系，从而形成整体社会。社会的发展离不开社会力量的凝聚，文化是民族的血脉，文化的力量深深地熔铸在民族的生命力、创造力和凝聚力之中，因而能够凝聚国家的共同利益和人民的理想追求，能够形成强烈的感召力和向心力，从而使整个社会凝聚起来。文化作为一种价值体系和行为规范，能够为社会提供诸如是与非、善与恶、美与丑、好与坏、荣与耻的评判标准，并可以通过社会教育而内化为个人的正义感、羞耻感、责任感以及是非观、荣辱观、审美观等等，从而提高人们的道德情操、精神境界、认识水平和人生境界。在此基础上，文化作为一种观念形态，可以使社会各个阶层形成共同的价值观念、思想观念和理想信念，在全部社会生活中形成强大的渗透力、凝聚力、引导力，在经济生活、政治活动、社会活动中内在地发挥着它的独特作用，成为激发社会全体成员为国家和社会发展而共同努力的内在动力。

（二）文化的一般功能

客观事物或现象内部各个部分、方面和因素之间的相互作用和影响，以及该事物或现象对外部事物或现象的作用，称之为功能。英国人类学家马林诺夫斯基认为，文化是造成人与人之间、种族与种族之间乃至国家与国家之间差异的重要因素，他突出强调了文化的社会功能与作用，指出文化是包括一套工具及一套风俗——人体的或心灵的习惯，它们都是直接地或间接地满足人类的需要。一切文化要素，若是我们的看法是对的，一定都是在活动着，发生作用，而且是有效的。文化要素的动态性质指示了人类学的重要工作就在研究文化的功能。从一般意义上讲，文化作为一种社会意识形式、一种精神活动，具有对经济政治的反作用功能和知识传承、传递功能。

1. 文化对经济政治的反作用功能

虽然文化由经济基础所决定，但经济上落后的国家在哲学上仍然能够演奏第一小提琴，恩格斯曾经指出，不论在法国或是在德国，哲学和那个时代的普遍的学术繁荣一样，也是经济高涨的结果。经济发展对这些领域也具有最终的至上权力。按照马克思主义基本原理，文化属于社会上层建筑、属于社会意识形态，经济基础决定上层建筑，社会存在决定社会意识，反过来，社会意识、社会上层建筑又会对经济基础、社会存在产生能动的反作用。据此，一定的文化由一定的经济、政治决定，又反作用于一定的经济和政治，给予政治、经济以重大的影响，积极的、先进的、健康的文化促进经济社会的发展，消极的、落后的、腐朽的文化则会阻碍经济社会的发展。毛泽东在《新民主主义论》一文中指出，一定的文化（当作观念形态的文化）是一定社会的政治和经济的反映，又给予伟大影响和作用于一定社会的政治和经济，一定形态的政治和经济首先决定那一定形态的文化的；然后，那一定形态的文化又给予影响和作用于一定形态的政治和经济。正是通过这种“影响和作用”，在经济形态的基础上，在政治形态的中介作用下产生的观念形态即文化，又反过来渗透于经济活动、政治制度之中。文化与经济、政治相互影响，相互交融。毛泽东曾指出，我们不但要把一个政治上受压迫、经济上受剥削的中国，变为一个政治上自由和经济上繁荣的中国，而且要把一个被旧文化统治因而愚昧落后的中国，变为一个被新文化统治因而文明先进的国家。文化发展经常是与经济因素紧密相关的，脱离经济的文化犹如海市蜃楼，没有根基，缺乏现实性，“精神”从一开始就很倒霉，受到物质的“纠缠”，这是文化建设与经济发展的互动规律。

文化本身对经济、政治都具有巨大的促进作用。一方面，文化为经济的发展提供精神动力和智力支持，为经济的发展提供和谐、诚信、自由的环境，而且经济制度的选择、经济战略的提出、经济政策的制定，都不能完全脱离当时当地的文化要素和文化环境，都或多或少地会受到文化环境的影响和制约，这也是许多企业极为重视企业文化的关键所在。同时，文化事业、文化产业本身就是经济结构的重要组成部分，并源源不断地创造经济价值。习近平总书记指出，经济总量无论是第二还是第一，未必就能巩固住我们的政权。

经济发展了，但精神文明失落了，那国家能称为强大吗？言外之意，缺乏文化的经济发展是不健康的发展，文化缺位的国家强大不是真正的强大，只有建立在精神文明高度发达基础上的经济发展才是健康的发展，只有文化实力强大基础上的国家强大才是真正的强大。另一方面，文化与政治从狭义上讲，是相互独立的两个元素，但从广义上说，政治也属于大文化的重要组成部分，彼此相融相通、相互交融的发展，对社会发展也起着重要作用。文化的不断发展也在不断地巩固和完善社会体制和社会制度，人类社会发展的历史一再表明，当一种旧制度、旧体制无法适应生产力、无法适应经济基础进一步发展需要的时候，文化对新的政治制度、新的政治体制的建立起着重要的先导作用，反过来，随着新的政治制度和新的政治体制的确立，随着民主与法治建设的发展，新的政治制度和政治环境对人们的文化素养又提出了更高的要求。

2．文化的知识传递功能

文化具有承载、传承、传递知识的功能，这种功能主要有两种实现方式，一种是纵向的时间维度上的传递，它反映的是文化的延续性；一种是横向的空间维度上的传递，它反映的是文化的同质性。从一定意义上说，文化便是历史，文化对历史经验、历史知识具有传承、传递作用和功能。社会的生产发展造就了每一代人，每一代人又继承着人类历史的一切成果，在此基础上，又以自己的实践和认识创造和丰富着新的成果形式，推动着人类社会和人本身由低级向高级、由片面向全面发展。恩格斯指出，现代自然科学已经把一切思维内容都来源于经验这个命题的旧的形而上学的限制和表述完全抛弃了。它由于承认了获得性状的遗传，便把经验的主体从个体扩大到类；每一个体都必须亲自取得经验，这不再是必要的了，个体的个别经验在某种程度上可以由个体的历代祖先的经验的结果来代替。随着社会的发展，人类积累的知识越来越丰富，每个人从社会中通过亲身经历取得直接经验而获取知识的观念不仅不可取，而且也不可能和不必要，人类完全可以通过代际间的传递来间接获取知识，这种社会性的“获得性遗传”是以文化为介体，由文化来承担的。人类社会优越于动物界的最根本之处，就在于实现了由生物遗传机制向社会遗传机制的飞跃。动物之间也有信息交流和信息传递，但它是动物之间一种本能的重复性的传递，是一种简单的信息复制，不具创造性，而人类因为有文化，能够通过知识、信息和技能的传承和传递，进行加工、改造、吸收、优化、再传递的过程而实现不断发展创新，从而推动社会向前发展和进步。在此过程中，文化无疑起到了对所传递的信息进行加工处理、整合、优化的作用，也就是说，文化不仅能够作为中介和桥梁“复制”人类社会历史经验和已有知识，而且能够作为一种手段，在已有知识和经验的基础上“创造”新的知识、积累新的经验，将人类的社会历史经验和已有知识一代接一代地传承下去，并不断推陈出新。

文化的这种纵向上的知识传递功能，主要是通过“教育”来实现的，教育使一个“自然人”逐渐摆脱动物性，顺利地完成向“社会人”的转化。文化的这种传递功能，使个人可以在较短的时间内掌握人类在较长的时间中积累的经验、知识和价值观念，这些已经存在的知识观念通过传递、传输、灌输，对人发挥“教化”作用。教育使人类既承担起知识和文化的传递者和继承者角色，也担当起知识和文化的创造者和发展者角色。正如马克思所说，人们自己创造自己的历史，但是他们并不是随心所欲地创造，并不是在他们自己选定的条件下创造，而是在直接碰到的、既定的、从过去承继下来的条件下创造。一切已死的先辈们的传统，像梦魇一样纠缠着活人的头脑。[①]无论是人类群体还是个体，如果没有间接经验，别说发展，就连生存都不可能。文化具有承载和传递文明的功能。文化的这种传递文化的功能，使个人可以在较短的时间内掌握人类在较长的时间中积累的经验、知识和价值观念。这实际上就是一种“教化”。

文化的知识传递功能的另一种实现方式是横向的空间维度上的传递，它反映的是文化的同质性。世界各国、各民族的文化都扎根于自己的生存土壤，都凝聚着本国家、本民族的非凡智慧和精神追求，都有自己存在的价值。然而一切生命有机体都需要新陈代谢，否则生命就会停止。文明也是一样，如果长期自我封闭，必将走向衰落，交流互鉴是文化发展的本质要求，只有同其他国家、民族的文化交流互鉴、取长补短，才能保持自身文化鲜活而旺盛的生命力。在中国历史上，从佛教东传、“伊儒会通”，到近代以来的“西学东渐”、新文化运动、马克思主义和社会主义思想传入中国，再到改革开放以来全方位对外开放，都是文化交流交融的例证。当今世界各民族文化的多元化与全球文化的一体化趋势，便是各民族文化传播交流的结果。人类学家弗尔德吉尔宁认为，知识的传输和传递不像倒水，从一个容器倒进另一个容器，而是通过人们之间的互动或相互作用进行的。在文化的传播和传递过程中，对于外来的知识，本土的“深层结构”就像一个“变压器”，使外来的知识，必须像

① 《马克思恩格斯选集（第一集）》，人民出版社1995年版，第585页。

电流一般通过它，才能发挥效用，这种传递实质上是一个融合融通的过程。

3. 文化对教育的促进功能

德国文化教育的代表人物普斯格朗说过，所谓教育就是有意识的文化活动，普斯格朗的这句话，言简意赅地道出了文化与教育的密切关系。教育是传播和培育文化最重要的途径。教育本身就是一个社会文化系统，也是内含于文化中的一个重要组成部分，文化是教育的重要内容，教育是文化的表现形式，教育离不开文化的滋养，文化提升教育的灵魂和血脉支撑。文化是人创造的结果，是人类改造自然和社会实践的产物，其本质就是文以载道、道以化人，文化中必然蕴含着人认识和改造自然、社会和人自身所积累的智慧、经验和教训、反思，是“人化”与“化人”的统一，改造客观世界与改造主观世界的统一，蕴含和体现着人的本质力量。可见，人是一种文化的存在，人类塑造文化而文化影响人。德国哲学家卡尔·雅思贝尔斯指出，教育是极其严肃的伟大事业，通过培养不断地将新的一代带入人类优秀文化精神之中，让他们在完整的精神中生活、工作和交流。[①]教育不能离开文化而存在，文化影响着教育目的。而教育的对象是人，教育是在一定社会历史背景下进行的，因此，教育的过程本质上就是一种历史文化过程，即“文化化”的过程。

当然，文化的发展并不只是意味着人类知识总量的增加和精神财富的扩张，只要是代表着时代前进方向的文化，其充分发展必然带来人的思维方式、行为方式、生活方式、价值观念和精神世界的变化，这些变化必然反作用于教育。文化对教育的这种作用和影响是隐蔽的、潜在的、无形的，却也是深远而根本的。恩格斯在《反杜林论》中曾经指出，人来源于动物界这一事实已经决定人永远不能完全摆脱兽性，所以问题永远只能在于摆脱得多些或少些，在于兽性和人性的程度上的差异。[②]达尔文的生物进化论所陈述的事实也表明，人类永远无法摆脱其动物性和野蛮性的遗传特征，因此人类必须借助于文化和教育将人自身的动物性和野蛮性加以改造和引导，以利于人类自身存续的需求。康德也认为，人是唯一必须受教育的被造物，人只有通过教育才能成为人。除了教育从他身上所造就出来的东西，他什么也不是，教育还让人变得明智，以便能够适应人类社会，在社会上受欢迎、有影响。这属于一种特定类型的教化，人们称之为文明化，这些表述充分表明文化在教育中所起的促进作用。

---

① 王承绪，赵祥麟：《西方现代教育论著选》，人民教育出版社2001年版，第350页。

②《马克思恩格斯选集（第三卷）》，人民出版社1995年版，第443页。

（三）文化的育人功能

文化是人创造的，人和文化之间存在着互动关系，人创造了文化，文化又反过来影响着人。文化对提升人文素质，并使之内化为健康的道德情操和意志品格，具有重要的意义。一定社会的文化的价值观念、风俗习惯、文化程度、文化环境等对生活于其中的个人的行为方式、交往方式、思维方式、价值观念等产生一定的影响，每个人都生活在一定的文化环境之中，都在不知不觉中受到文化的熏染。

1. 文化具有教化人、塑造人的功能

文化是由人创造的，人所创造的文化反过来又塑造人。文化本身就具有“教化”的含义，但讲“文化的教化功能”并不是同义反复，文化的教化和培育功能主要通过知识体系、行为方式等规范人的行为，使人有效地适应不同的社会环境和人际关系，成为社会的人。从这个意义上说，人是文化的存在物。文化对人心的影响能够有如水润万物细腻无声而又无不浸透其里，文化作为一种特定的资源、载体和内涵，从物质、精神、制度、行为、环境等多层面、多方面对身处其中的人产生特定的作用和影响，这种作用和影响是潜移默化的，也是持久而深远的，它往往以“润物细无声”的方式发挥着激励人、感染人、影响人、塑造人的功能。文化育人是一个静待花开的过程，所以作家王蒙曾说，文化贵在潜移默化，贵在浸润人心，贵在心心相印，贵在蔚然成风。这种潜在的作用和影响一旦内化为人们内心的信念和自律的力量以及为人处世的态度，就会形成思维惯性与行为定式，指导人们的实践活动。

文化对人的影响是交互的，无论是物质文化、制度文化、精神文化还是风俗习惯、道德风尚、政治、哲学、宗教、文学、艺术等，不同文化类型、不同文化内容、不同文化模式、不同文化思维形成一股“合力”，对人产生根本性的影响。文化的重要意义，就在于通过知识体系、行为方式等规范人的行为，使人有效地适应社会环境和人际关系，成为社会的人。不同的文化环境对人的影响是不一样的，所谓“近朱者赤，近墨者黑”讲的就是这个道理。一个从小到饮食起居、待人接物，大到世界观、人生观、价值观，无一不是一定文化影响和作用的结果，无一不是一定文化环境的产物。台湾著名作家龙应台有句话说得好，文化就是“三个正确对待”：正确对待自己、正确对待他人、正确对待自然界。有了文化，才能正确处理好这三者的关系。所谓教育，不过是人对人的主体间灵肉交流活动（尤其是老一代对年轻一代），包括知识内容的传授、生命内涵的领悟、意志行为的规范，并通过文化传递功能，将文化遗产教给年轻一代，使他们自由地生成，并启迪其自由天性。因此教育的原则，是通过现存世界的全部文化导向人的灵魂觉醒之本源和根基，而不是导向由最初派生出来的东西和平庸的知识，文化作为一种精神的力量，内含着人们判别是非曲直、善恶美丑的基本价值尺度，蕴含着人们追求幸福生活、美好理想的激情、坚韧和勇毅。可见，文化对人的精神世界和内心世界具有天然的影响，它能够从精神上熏陶人、感染人、激发人、教化人、塑造人。

2. 文化具有提升人的素质的功能

“文化”就是以文化人，“化”有教化、感化之意。“教育”可以教给人赖以生存的知识、技能和本领，侧重于知识的传授，而“教化”则以涵育人的价值观念、道德素养、思维方式、意志品格以及提升人的文化素养为基本目的。文化只有转化为社会中每一个人的具体教养，然后通过具有文化教养的个体来传递给同时代其他社会成员并传承给下一代社会成员，才能使人类所创造的共同文化成果在社会群体之中和不同时代之间流转①，以文化人，文质彬彬，有文化素质方能彬彬有礼。美国社会学家波普诺认为，人不仅是社会的动物，人类还是唯一由文化来定义其社会群体的动物。文化普遍渗透在风俗习惯、伦理道德、规章制度、法律政策之中，常常表现为某种“隐形”的因素，能够对人产生深远的影响。文化一旦内化为人们的态度和内心信念，就会形成惯性和定式，指导人们的行为选择并且逐步形成相对稳定的心理和行为。文化一经内化为人们的思想观念、道德素质、思维习惯、心理态度、生活方式、行为习惯之后，就形成了个人整体的文化素养。

文化是人的素质及精神的重要体现形式，在个人成长历程中，文化对人的精神的激励作用不可小觑，积极的、健康的、优秀的、先进的文化能够丰富人的精神世界、增强人的精神力量，为人的健康成长提供不可缺少的精神食粮，起到激励人们精神的作用。比如，健康有益的文化活动，可以丰富人的精神世界，培养健全人格；优秀的文化作品以其特有的感染力和感召力，可以触及灵魂、产生共鸣、发人深省，使人深受震撼、力量倍增，这样的文化成果能够照亮人们心灵，引领人们前进，由此产生的精神力量，往往历久不衰，激励人们不断创造美好幸福的生活。因此，要发挥文化思想引领作用，用文化净化灵魂，升华人格，陶冶情操，提升境界。

① 杨威：《论思想政治教育的文化根源》，载《江汉论坛》2016年第9期。

3. 文化具有充分展现人的社会属性的功能

文化是人创造的，文化一旦被创造出来，又作为一定的文化环境，影响和制约着人。人就是在文化的影响、塑造中自我完善、不断发展的。人的全面发展，表现在人的思想道德素质、科学文化素质和健康素质等各方面得到全面提高。马克思主义认为，人的本质不是单个人所固有的抽象物，在其现实性上，它是一切社会关系的总和。[①]这表明，人在自然属性之外，更重要的是具有社会属性，而且人的本质也是由社会关系所决定的。人的自然属性展现的是人最原生态的一面，人的社会属性最根本的表现是，人是经过文化浸染过的人。作为社会化的人既具有理性的一面，也有非理性的一面，人是文化的动物，人之为“人”，在于有思想，有思维，有文化活动，文化对人的性格、品位、气质的烙印最深，影响最大，文化充分展现人的社会属性。正因如此，生活于社会中的人，才需要包含价值观念、道德规范、思维方式等要素在内的“文化”，来发挥理性对人的行为的主导作用和规范作用。

文化所代表的就是历史积淀下来的，并被特定社会、一定群体所共同认可、遵循的行为规范，它对个体的行为具有先在的给定性和约束性。每一种文化都提供具有约束性、普遍起制约作用的行为规范，每个社会都会通过家风家教、学校教育、社会示范、公众舆论等文化手段，将社会规范加之于个人，以实现文化的规范和约束作用，使人的“自然”成分减少，“社会”成分渐增。人的全面发展的过程就是不断用社会规范来约束自己的行为，从各方面接受文化的熏陶和洗礼，不断地由“自然人”向“社会人”转化的过程。从这个意义上讲，人是文化的产物，文化是人的社会属性的主要表现。

第二节　文化育人的目标

任何一种教育实践活动都有其所追求的目标。文化育人作为高校思想政治教育的重要手段，其所追求的目标与学校人才培养、思想政治教育总体目标保持一致。文化育人作为一种特殊的思想政治教育活动，从思想道德建设的角度，文化育人体现了思想政治教育培育学生社会主义核心观的价值；从

① 《马克思恩格斯选集（第一卷）》，人民出版社1995年版，第56页。

文化软实力建设的角度，文化育人体现了思想政治教育培养学生文化自信的价值；从整体教育的角度，文化育人体现了思想政治教育促进学生全面发展的价值。从总体上来看，文化育人的目标有三个层次：一是立德，即培育社会主义道德；二是树人，即促进学生全面发展；三是增进文化认同，即培育社会主义文化自信。其中，培育社会主义道德是思想政治教育的核心目标，促进学生全面发展是思想政治教育价值追求的根本目标，培育社会主义文化自信是体现文化强国的基础目标。

一、培育社会主义道德

国无德不兴，人无德不立。文化育人的核心目标是立德。党的十八大报告要求把“立德树人”作为教育的根本任务，为高校育人工作指明了方向。习近平总书记也多次强调，我们要加强思想道德建设，培育和弘扬社会主义核心价值观，弘扬中华传统美德和时代新风，构筑中国精神，为中国特色社会主义事业提供精神动力和道德滋养等。而文化育人作为以社会主义思想道德建设为核心内容的思想政治教育实践，其核心目标就在于立德。它强调“德”在人的综合素质中的核心地位，也强调“立德”是“树人”的一种方式。

文化是德育的不竭资源。人的思想品德的形成离不开知识教育，更离不开文化的滋养。知识教育更多地关乎思维，文化滋养则关乎整个人的存在，首当其冲关乎人的心灵生长。正如刘铁芳所言，优良的教育在任何时候都应该让个体找到生命的生长与生成感，教育如不能激发个体自我成长的内在力量，则教育必然走向被动灌输，就不可能有健全自我的生长、生成。文化滋养对人的思想品德的形成具有至关重要的作用。

文化育德的最高境界是培育社会主义理想人格。所谓理想人格，就是人们依据一定社会道德准则所力求实现的完美人格。它是时代精神的体现，离开一定的社会历史条件和社会实践，理想人格便无从谈起。社会主义理想人格所承载的内涵是随着社会主义现代化建设的发展而不断发展的。在社会主义改革开放初期，邓小平同志根据社会主义初级阶段的历史任务和战略目标提出了培育“四有”新人的思想。培育“四有”新人，就是适应中国特色社会主义现代化建设和中华民族伟大复兴的需要，培养有远大的共产主义理想，有高尚的社会主义道德情操，有深厚的科学文化知识底蕴，有克己奉公、廉洁自律精神的一代社会主义新人。塑造社会主义理想人格的基本目标就是培养“四有”新人。随着改革开放的不断深入和社会主义市场经济的不断发展，社会主义理想人格的内涵，除了“四有”以外，还在身心素质、社会适应、人生态度、价值观念等多方面有所拓展，社会发展需要更全面发展的人，而人的全面发展是逐步提高、永无止境的历史过程。

二、促进学生全面发展

文化育人是要把学生培养成为德才兼备、全面发展的人才，强调立德为先，树人为本。除了立德之外，还要着力树人，促进学生全面发展，即使学生具备一定的专业知识和能力素质，并根据学生个人的兴趣、爱好、禀赋、倾向，对学生进行个性化培养，使其具有鲜明个性特点的专长。

人的全面发展是社会主义社会的本质要求。社会主义的本质是解放和发展生产力，而解放和发展生产力最关键的是要促进生产力诸要素中最活跃的要素——“人”的全面发展。人的全面发展是指人的自我意志获得自由体现，人的各种需要、潜能素质、个性获得充分发展，也是人的社会关系的全面发展，是人的社会交往的普遍性和人对社会关系的控制程度的高度发展。人的全面发展包括理性的文化自觉、高尚的思想品德、健全的个性人格、良好的艺术鉴赏力等各个方面综合素质的提升。它是人在主体性发展中合规律性与合目的性的统一，是人真、善、美的和谐统一。它是人主体性发展的最高境界。人的全面发展体现为人与自然、社会关系的和谐统一，与社会主义先进文化发展相互影响、相互促进。

我们进行社会主义现代化建设，归根到底是为了促进人的全面发展。随着改革开放的不断深化，经济、自然与社会三者之间协调发展的重要性也日益凸显。从这个意义上说，当代中国人的全面发展，是全面深化改革开放，促进经济、自然与社会协调发展的需要。

党的十六大把人的全面发展作为建设小康社会的一个重要奋斗目标。党的十七大再次把人的全面发展上升为国家发展的战略高度。到了党的十八大，更是把“促进人的全面发展”纳入中国特色社会主义道路的内涵，同时强调要不断在实现发展成果由人民共享、促进人的全面发展上取得新成效。

人作为一种主体性的文化存在，能够创造文化、发展文化。而文化的化人功能也使文化能够塑造人、发展人。人与文化二者相互构建，互生互动。从这个意义上说，发展先进文化是促进人的全面发展的内在诉求，人的全面发展水平也是衡量先进文化建设的重要砝码。二者相辅相成，辩证统一于中国特色社会主义建设的伟大实践之中。

高校实施文化育人，一个重要的目标就是通过发展社会主义先进文化来促进学生全面发展。发展社会主义先进文化，就是要建设以马克思主义为指导的社会主义文化，就是要以社会主义核心价值观为统领，培育大学精神，建设高品位的大学文化，实质就是建设社会主义精神文明，建设马克思主义文化阵地，就是促进当代大学生的全面发展。发展社会主义先进文化的根本任务，就是培养个性充分发展、德才兼备、身心健康，有社会责任担当、有艺术鉴赏力，富于创新精神的德、智、体、美、劳全面发展的人。要促进人的全面发展，既需要科学的理论武装和正确的舆论引导，也需要高尚的精神塑造和优秀的作品鼓舞。

在马克思看来，人的全面发展并非一蹴而就，而是一个循序渐进，向自由迈进的过程。因此，社会文化发展的每一个进步都意味着人在全面发展的进程中又前进一步。发展先进文化与促进人的全面发展，这两个过程相辅相成，辩证统一。人的全面发展需要有先进文化的教化和滋养，同时先进文化的发展也需要以人的全面发展为推动力。

三、增强文化自信

在坚定中国特色社会主义道路自信、理论自信、制度自信的基础上，习近平总书记强调要坚定文化自信，强调它是更基本、更深沉、更持久的力量。要实现社会主义共同理想，要推动中华民族伟大复兴都需要有社会主义文化自信做基础。文化育人主要是通过社会主义先进文化影响人、塑造人，增进大学生对社会主义文化的理解和认同，其最基础的目标就是培育社会主义文化自信。文化自信是一个国家、一个民族、一个政党对自身文化价值的充分肯定，对自身文化生命力的坚定信念。从根本上说，文化自信强调的是文化群体或个体对其本土文化的认同，包括对其文化价值的肯定、对其文化优势的确认、对其文化生命力的坚信。拥有高度的文化自信是坚持社会主义道路自信、理论自信和制度自信的前提和基础，是传承与弘扬中国传统文化的内在动力，是应对外来文化冲击与侵蚀的核心力量，是文化大发展大繁荣的思想根基和必然行动的力量之源。

文化自觉是文化自信的思想依据和认识基础。文化自觉，就是文化主体将自身的文化信念和准则主动付诸社会实践，是一种在文化上自觉践行和主动追求的理性态度。文化自觉是一种觉悟和理性，是文化主体对文化的自我觉醒、自我反省、自我创建，是对文化可持续发展的崇尚与追求。尤其是在文化全球化的社会背景下，文化自觉体现在人对自己的文化有自知之明，知道它的来历、形成过程和发展走向；面对错综复杂的局面，能以面向全球的视野和整体发展的观点，对自己的文化进行深刻反思，并给予准确的历史发展定位；自觉担当起进行正确文化选择和推动文化发展的责任，汲取一切对自己文化有益的成分，在文化融合创新中实现转型，以适应新的社会发展需求。

文化自觉与自信是推动文化繁荣发展、实现中华民族文化复兴的一个必要条件，也是文化育人的基础目标。尤其是在社会大发展大变革的当今时代，倡导文化自觉和文化自信，其目的就是要对自身文化持有清醒的认识和理性的态度，牢牢把握社会主义先进文化的前进方向。只有高度文化自觉，才能实现真正的、充分的文化自信。只有在全民族文化自信的精神支撑下，建设社会主义文化强国才能真正实现。

思想政治教育作为一种文化现象，它与社会主义先进文化在本质上是一致的。它所倡导的思想观念、教育内容都是社会主义先进文化的重要组成部分，二者辩证统一，相互补充完善，相互促进发展。因此，以思想政治教育为目的的文化育人实质上是以社会主义先进文化育人，其育人的根本目标是培养社会主义文化自觉与文化自信。培养高度的文化自觉和文化自信，是中华民族团结进取的力量源泉，是国家文化安全稳定的坚实堡垒，是社会主义文化繁荣发展的基础保障。

文化自信以文化主体对自身文化的认同为基础。对当代大学生而言，树立文化自信，从根本上说就是要增强其民族文化认同，增强其传承和创新中华民族文化的信念与勇气。这是当代大学生树立文化自信的迫切需要，是全球化的时代发展赋予大学生思想政治教育的一项重要使命。

第三节　文化育人的基本要素

作为一种具体的思想政治教育实践，文化育人有育人主体、育人客体、育人媒介和育人环境四个基本要素，它们相辅相成、密切配合，共同构成相对稳定的要素结构。文化育人具有自身内在的运行机制。实际上，文化育人的过程就是文化价值客体主体化的过程，实现文化价值客体主体化具有其内在机制。文化对人具有天然的影响，要充分发挥其育人功能，有效实施文化育人，需要从根本上满足一些基本条件。

任何一个事物存在都有其自身的构成要素。文化育人作为思想政治教育实践活动，也有其基本构成要素，即育人主体要素——教育者，育人客体要素——大学生，育人媒介要素——文化载体，育人环境要素——以先进文化为主导的文化环境。这四个要素都是文化育人得以发生和实现的关键性因素，缺少它们中的任何一个，思想政治教育意义上的文化育人都无法实现。

一、育人主体要素——教育者

教育者是组织实施文化育人实践的主体，是文化育人的一个基本构成要素。文化育人主体是指以思想政治教育为目的，通过文化手段进行育人的主动行为者。这一主动行为者统称为“教育者”。教育者既可以是具有主动教育功能的组织，也可以是教育组织中的个人或者由多人组成的群体。这里讨论的文化育人的施教主体是文化育人实践活动的真正设计者和组织者——人，即高校教师和从事教育教学管理的管理者。

教育者在文化育人过程中的根本职能是价值引导，即以社会的要求为准绳，科学地影响教育对象，不断把教育对象的思想政治品德提升到社会需要的水平。具体体现在三个方面，即按照育人计划，组织、设计和实施文化育人活动，采取多样化的方式方法调动和发挥教育对象的主观能动性，本着价值主导原则引导教育对象思想品德向社会要求的方向发展。由于教育者在文化育人过程中的根本职能是思想政治教育，因而在他们身上具有共同的职业特点。

第一，充满社会主义文化自信。习近平总书记2016年5月在哲学社会科学座谈会上的讲话中指出，坚定中国特色社会主义道路自信、理论自信、制度自信，说到底是坚定文化自信，文化自信是更基本、更深沉、更持久的力量。文化自信是根植于人内心的一种信念，是对自己国家、民族创造的文化价值的一种认同和肯定。中华民族要繁荣复兴，需要有高度的社会主义文化认同与文化自信。教育作为社会主义文化自信生成的源头活水，教育者从中承担重要角色，发挥重要作用。他们是文化自信的引领者，要给学生一杯水，自己要有一桶水，在引导学生树立社会主义文化自信之前，自己首先要让自己一往情深地融于中华优秀传统文化之中，满腔热情地投身于社会主义伟大建设实践之中，成为充满社会主义文化自信的人。这是职业角色使然，也是职业责任使然。

第二，具有传播社会主义先进文化的自觉。习近平总书记提出要“讲好中国故事，传播好中国声音”。这既是对宣传工作者的要求，也是对教育工作者的要求。讲好中国故事、传播好中国声音是高校教育工作者的一项重要使命。他们不仅要成为充满社会主义文化自信的人，还要成为自觉传播社会主义先进文化的人。当代大学生成长于全球化和社会改革开放时期，没有经历过革命战争的洗礼，没有品尝过社会主义建设与发展的艰辛，对中国博大精深的文化也很难有深刻的理解和把握。这就需要教育者要主动宣传社会主义核心价值观，弘扬中华优秀传统文化，澄清模糊认识，以增强大学生对中华民族文化的认同。

第三，具有文化价值主导性。一个学校能否为社会主义现代化建设培养出合格人才关键在教师，具体来说是在教师的文化价值主导性，即教师在思想政治教育实施过程中发挥其主导作用方面表现出来的积极属性。同样，教育者在文化育人过程中也具有文化价值主导性。随着文化全球化和改革开放的不断深入，社会上各种思潮林立，中西方文化价值相互交锋、渗透，人们的价值观念朝多元化方向发展。在这一社会背景下，中国文化要健康发展，必须坚持一元主导与多样发展相结合。一元主导体现在文化育人上，就是用社会主义先进文化为学生成长成才提供正确方向和精神动力，落实好“立德树人”根本。在育人过程中，教育者是教育计划的执行者、教育活动的设计者和组织者，他们按照一定的教育计划设计文化育人活动，并将思想政治教育信息融入育人活动，通过文化渗透的方式影响教育对象的思想价值观念，引导其朝着国家主导文化方向发展。从大学生角度来看，他们作为受教育者，正处于价值观形成的重要时期，思想观念尚未完全发展成熟，思想行为尚不稳定，对文化价值的领悟力、判断力等都有一定的局限性，面对复杂的社会现象和良莠不齐的多样化价值观念，他们很难做出精准的判断和正确的文化选择，需要教育者根据其身心发展水平进行有针对性的教育和引导。因此，在文化育人过程中，教育者自始至终体现出文化价值的主导性。

作为文化育人者，除了具有上述三个突出特点之外，他们还重视将显性思想政治教育与隐性教育相结合，充分发挥文化潜移默化地教化人、影响人的功能。

教育者是文化育人活动的发起者和主导者。没有教育者，文化育人就没有了施动者，也就不是基于思想政治教育目的而实施的文化育人。因此，教育者在文化育人基本构成要素中不可或缺。

二、育人客体要素——大学生

思想政治教育活动的对象都是其教育客体，主要有两种：一是指人客体；二是指物客体，如教育的内容、工具、方法、资源等。进行思想政治教育的最终目的是培养人、塑造人。这里主要探讨思想政治教育的客体，即高校文化育人的对象——大学生。

大学生在文化育人过程中是教育对象，其主要任务是接受主体引导，学习、适应和内化，不断提高自身素质，同时积极调动自身的"主体性"因素，在文化育人过程中充分表现出自身的特性，参与并影响育人过程。大学生与教育者之间的关系建立在平等和相互尊重的基础之上，即"主体尊重客体的特点和接受教育的规律……客体尊重主体的引导"。

大学生正处在青春时期，是价值观形成的关键阶段。在这一阶段，他们表现出鲜明的特点。

第一，大学生具有鲜明的主体性。大学生的主体性主要是指在文化育人过程中，大学生对教育者传递的社会主义先进文化价值理念能够独立地做出判断和选择，主动接受先进文化的积极影响，自觉进行内化并积极调节行为，将自己的文化价值理念落实到行为实践，并在实践过程中不断完善自身品德。实际上，教育者传递的任何思想政治教育信息和文化价值观念都是外部的客体，只有通过主体的吸收内化，并外化行为实践，文化育人才能够收到应有的实效。如果没有主体的自觉参与，任何教育都等于零。从这个意义上说，大学生的主体性是一种"自觉能动性"，是"接受教育的主体性"。大学生的主体性主要体现在：处在快速成长期的大学生，不仅身体上发育迅速，体力精力旺盛，而且成人感和独立意识明显增强，求知欲望强烈，对外界信息反应灵敏。这使得大学生在文化育人过程中表现出积极接受先进文化思想、主动汲取文明营养的主观能动性，表现出乐于独立思考、自主做出价值判断和选择的自主性，表现出大胆实践、勇于探索、不断突破自我的实践创新性。

大学生作为教育对象具有主体性，但在文化育人过程中并不居于主导地位，不能承担文化育人的主要责任。因此，在文化育人过程中有必要充分调动学生的积极性，有必要尊重学生主体性的发挥。

第二，具有极强的可塑性。"科学教育之父"赫尔巴特在其著作《普通教育学》中明确提出人具有“可塑性”。所谓可塑性，是指思想政治教育对象的思想品德是可以经由环境的影响和教育者的作用加以塑造的，即教育对象的思想行为通过教育能够向符合社会要求的方向发展。人的思想文化观念和道德品质不是自发形成的，而是在一定的文化环境影响和思想政治教育作用下，在社会文化生活实践中逐渐形成并不断发展的。可塑性强调的是人性的生成性、交互性、可教化性和内在主动性。教育对象的可塑性是教育者实施文化育人的基本前提和内在依据。

大学生正处在各种心理活动异常活跃、急剧变化的年龄阶段，认识容易偏执，情绪容易走极端，意识有时执拗，且容易受外界的影响，存在着明显的不稳定、可塑性大的特点。大学生在文化育人中的可塑性主要涉及思想文化认知方面的可塑性、文化价值判断与选择能力的可塑性、文化道德内化与外化转化能力的可塑性、文化道德实践能力的可塑性等。

文化育人是教育者有目的、有组织、有计划实施的育人活动，在教化人、塑造人方面具有非常突出的作用。实施文化育人要坚持以学生发展为本，充分关注大学生的主体性和可塑性，尊重学生成长规律，对大学生的文化思想与品德塑造施加有益的影响，促使大学生全面提升自身的综合素质。

三、育人媒介要素——文化载体

在文化大繁荣大发展的当今时代，文化载体正以其特有的优势日益成为思想政治教育载体的重要形态。思想政治教育也只有在运用文化载体进行育人时才称得上是文化育人。文化载体作为文化育人过程中不可或缺的媒介要素，它不仅是主体与客体发生关联的重要媒介，也为文化育人各要素相互作用、相互影响提供了平台。它是由若干要素以一定结构形式联结构成的具有某种功能的综合系统。

第一，文化载体必须同时具备四个基本条件。具体而言：一是能够承载具有思想政治教育意义的文化价值信息；二是能够使教育主体、客体之间发生文化价值信息传递；三是能被教育者所运用和控制；四是具有引导人、教化人的功能。

第二，文化载体的形式是多种多样的，各种文化物质实体和文化活动形式都可以成为文化载体。从最主要的学校育人活动形式来看，有课堂育人、实践育人、校园文化育人，有教书育人、管理育人、服务育人；从文化发掘活动形式来看，有将思想政治教育内容融入各级各类文化建设中去的文化建设活动；从文化物质实体来看，有书籍、绘画、戏剧、影视、音像等各种文化产品，有图书馆、博物馆、新闻出版等各种文化事业。

第三，文化载体的概念不是静态意义上的，而是在实践中应用意义上的。对某种文化物质实体或文化活动形式来说，它是不是文化载体并不是固定不变的，关键要看它是否符合思想政治教育文化载体的基本条件。例如，在一篇文章、一首歌曲中蕴含着某些能够进行思想政治教育的文化价值信息。但是，仅凭这一个条件它们还不是育人意义上的文化载体，只有教育者通过阅读、欣赏等一定形式的活动，使学生从中接受教育、启迪或感染，它们才成为文化载体。换言之，即便是一件文化产品承载了很多教育信息，但没有教育者有目的地利用，没有学生的接受，它就没有成为文化载体。

文化载体是先进文化传播的必要媒介。文化的发展是靠信息传播得以实现的，其本质在于传播。文化育人活动从本质上讲就是借助一定的媒介进行的文化传播活动。传播意义上的媒介是指传播信息符号的物质实体，包括语言、文字、书刊、报纸、广播、电视、电影、多媒体等。随着科技的不断进步，文化的传播媒介日新月异，并呈现出一体化发展的趋势。无论是哪一种文化传播媒介，只要符合文化载体的条件，都能成为文化载体，发挥育人作用。

文化载体在文化育人中的作用是多方面的。比如，它为育人活动提供必要的承载和传导文化价值信息的媒介；它使育人活动的各构成要素之间有了联系枢纽，不仅能促使各要素之间相互作用，而且还能对各要素的协调一致产生直接影响作用；它为教育者提供自主创新的平台，使教育者通过不断挖掘和创新文化载体来丰富和创新文化育人的具体方法和手段；它通过自身承载的先进文化信息，发挥其感染人、教化人的功能；它通过文化载体丰富多样的内容及形式，增强文化育人的吸引力和影响力，进而增强育人实效，等等。这些都充分说明，文化载体是文化育人过程中所不可或缺的一种媒介要素。

四、育人环境要素——以先进文化为主导的文化环境

环境是人格形成的必要条件，任何教育的发生都离不开环境。作为人类实践的产物，文化具有属人性，与人密不可分。文化环境是影响人素质生成的重要因素。它由一定的价值观念、日常伦理、道德规范、行为方式、宗教信仰、审美观念及生活风俗等内容构成，对人们的思想观念、趣味、需求、

情感、行为等产生潜移默化的影响，也直接影响着人们思想道德素质的发展。它是以无形的意识、无形的观念，深刻影响着有形的存在、有形的现实，深刻作用于经济社会发展和人们的生产生活。

马克思的教育环境理论认为，人创造环境，同样环境也创造人。思想政治教育是社会文化“大系统”中的一个“子系统”，它离不开社会文化环境的影响。思想政治教育文化环境由文化要素构成，是影响人的思想、行为和思想政治教育活动的外部因素的总和，它强调文化环境的整体性。积极健康的文化环境不仅能够促进人在各方面的发展，而且能促进育人活动的有效运行。

先进文化具有重要的育人价值，是育人不可或缺的文化资源。在文化育人中，教育者无论基于下列哪种考虑，都必然要有目的地选择和构建以先进文化为主导的文化环境。

第一，先进文化蕴涵着文化价值的“高势能”。文化具有差异性，在不同的文化之间，因其自身所内蕴的知识、价值、规律和表现美等品质的含量不同，以及知识的层次和概念范畴位阶的不同，会形成文化“势位”的高低差异。处在“高势位”的文化自然具有文化价值上的“高势能”，相比于“低势位”的文化而言，具有更强的文化影响力、凝聚力、辐射力。同时，“高势位”的文化会影响和改变“低势位”的文化。

一般而言，处于“高势位”的文化都是先进文化。任何先进文化都一定是“站在时代前列、合乎历史潮流……代表最广大人民群众利益的文化”。中国特色社会主义文化是代表我国文化发展方向的先进文化。它存在于社会文化生活的各个领域，以精神品质、价值观念、理想情操等精神文化资源形式存在，集中体现为社会主义核心价值观。

从育人的角度来说，先进文化与文化主体“人”之间存在的文化势能差异也是文化育人得以发生的基本前提。先进文化所蕴含的文化价值上的“高势能”，实际上就是它所具有的思想政治教育资源。要有效地进行文化育人，必须充分利用好社会主义先进文化的资源优势，以及它与文化主体“人”之间的“势位”差。

第二，先进文化与思想政治教育相互促进。社会主义先进文化既为思想政治教育提供正确的价值导向，又要依托思想政治教育推动其自身的建设与发展，二者相互促进、相互依存。尤其是在文化强国的新的历史时期，思想政治教育的文化性更加凸显，与先进文化建设在培育人和塑造人上更加紧密地契合，二者相互依存、辩证统一的关系也更加凸显。

一方面，社会主义先进文化对思想政治教育具有重要的导向性作用。社会主义先进文化以马克思主义思想为灵魂，是指导人们正确认识世界、改造世界的科学世界观和方法论。它蕴含科学精神，崇尚实事求是，尊重客观真理，倡导开拓创新，反对迷信愚昧和因循守旧；它与时俱进，不断创新，渗透于社会生活的各个领域，深刻影响着人们的思想，对思想政治教育提出了现实的要求和导向。思想政治教育要高举马克思主义旗帜，用先进的理论武装人；要大力弘扬科学精神，用先进的理念引领人；要坚持以人为本，以最人性化的方式教育人，进而增强思想政治教育的影响力和渗透力，最大限度地发挥其教育功能。

另一方面，思想政治教育能够促进社会主义先进文化的建设与发展。促进人的全面发展，既是思想政治教育的根本目标，也是社会主义先进文化建设的应有之义。在社会主义文化大繁荣大发展的新时期，思想政治教育只有自觉地把文化作为重要载体和手段，自觉地运用社会主义先进文化来引领人和影响人，自觉地将教育内容有效融于文化创造和文化传播之中，自觉地丰富思想政治教育的文化载体，才能增强思想政治教育的文化育人实效——有效地促进人的全面发展，也才能有效地推进社会主义先进文化建设。

第四节　文化育人的实施条件

文化育人，即以文化培育、培养人。学生在高校接受教育的过程，可以看作是接受文化熏陶的过程。相对于知识育人，文化育人更强调文化整合能力的培养与提高，这种文化整合能力往往通过内化，积淀为人的心理结构，形成一定的人格。只注重知识育人可能导致人的片面发展，而文化育人则能促进人的能力和素质的全面发展。知识育人侧重给学生传授更多的知识或技能，而文化育人不以学生获得了多少知识和技能为主，而是以育人过程要给学生一种成长的体验和让学生掌握学习的方法为主，注重培养学生的人文主义精神。文化育人的过程离不开知识育人，提倡文化育人实质上是在学校的知识育人过程中，借助校园环境、学科专业、课外活动、学风、校风等文化载体，将教育内容融入学生的思想，达到文而化之的效果。

文化有先进文化与落后文化之分，文化对人的影响也根据其是否具有先进性而分为正面的和负面的影响。尽管文化对人的影响是一种必然的客观存在，但文化育人中的“育”具有鲜明的价值指向性，是指文化教化人、培育人，特指文化对人的积极影响。只有当文化对人产生积极影响时，文化对人的作用才称之为育人作用。而实施文化育人，核心目标在立德树人，不能任凭文化自发、自在地影响育人，也不能脱离一定社会历史条件下人与社会文化的发展实际去育人。从总体上来看，实施文化育人对社会文化的发展、对文化主体的精神文化需要、对思想政治教育自身的发展都是有一定的要求的。在当今文化大繁荣、大发展的时期，人与社会的现代化发展基本上能够满足文化育人的要求，主要体现在社会文化的发展与繁荣、人对精神文化的需求的提升、思想政治教育的人文精神凸显等方面。

一、社会文化发展繁荣

文化的功能是“化人”，即影响人、塑造人。文化对人影响力的大小，取决于它所具有的文化势能和文化引导力，取决于它的先进程度。一个社会的文化发展进步成果，是这一社会文化的时代先进性的体现，也是这一社会文化的成熟程度的体现。一个社会的文化越先进，其文化发展就越成熟，其文化影响力就越强。

正确的文化发展道路是一个国家、一个民族文化繁荣发展的根本保证。改革开放以来，在推进中国特色社会主义事业的伟大进程中，中国共产党坚持马克思主义文化发展理论，逐步探索出了一条适合中国国情的文化发展道路。十月革命一声炮响，给中国送来了马克思列宁主义，中国共产党带领中国人民走上了社会主义革命和建设道路。在长期的革命斗争和建设实践中，中国共产党人一贯重视社会主义文化发展，在理论和思想上继承与发展马克思主义文化发展观，在实践中进行了长期不懈的探索和检验，最终确立了习近平新时代中国特色社会主义道路。

中国共产党是具有高度文化自觉和文化自信的马克思主义政党，它以马克思主义文化理论为指导，结合我国社会主义革命与建设实践，大力倡导和发展社会主义先进文化，积极建构中国化马克思主义文化的立场、观点和方法。它结合新民主主义革命、社会主义建设和改革开放各个历史时期的文化建设，创造了中国新民主主义文化和中国特色社会主义文化这两大先进的文化理论成果。中国新民主主义文化是以毛泽东同志为代表的中国共产党人把马克思主义文化理论与中国新民主主义文化建设实践相结合而提出的一种新型文化，它代表了当时中国文化发展的方向，为中国特色社会主义文化的发展奠定了基础。中国特色社会主义文化是以马克思主义为指导的，面向现代化、面向世界、面向未来的，民族的、科学的、大众的文化。它是中国共产党建党以来积极建设和发展的成果，是当代中国的主导文化，是中国先进文化的灵魂和发展根基。

中国特色社会主义文化是党领导中国人民进行社会主义伟大实践中，党和人民所表现出来的社会主义共同理想、忠心爱国的民族精神、改革创新的时代精神和社会主义荣辱观的丰富展现。党领导中国人民在几十年的社会主义伟大实践中创造了具有中国特色的社会主义道路、发展模式，实现了快速崛起的目标，充分展现了社会主义先进文化的强大生命力，体现了人类文化发展进步的方向。在中国文化走出去的实践中，致力于展示中华文化魅力的孔子学院，在世界各国广泛开办。

在中国先进文化的建设和发展过程中，中国共产党先后提出了“为人民服务，为社会主义服务”“百花齐放，百家争鸣”“洋为中用，古为今用”“三个面向”“社会主义先进文化建设”“文化强国”“构建社会主义核心价值体系”等文化发展理念，并最终凝练形成了社会主义核心价值观这一中国先进文化的精髓。

走中国特色社会主义文化发展道路，要坚持文化一元性与多样性相统一，即在承认文化多元性的前提下，坚持中国特色社会主义文化发展指导思想的一元性；要坚持主体性与开放性相统一，既坚持文化的人民性、民族性，又不断推动文化走出去、引进来；要坚持公益性与市场性相统一，大力发展文化事业和文化产业，实现社会效益和经济效益的有机统一；要坚持核心价值与共同价值相统一，积极培育和践行社会主义核心价值观；要坚持传统性与创新性相统一，大力弘扬和传承中华优秀传统文化，推动传统文化的创造性转化；要坚持道路开辟与制度支撑相统一，深化文化体制改革，加强文化制度建设，完善配套政策措施。

随着社会主义先进文化思想体系的不断丰富与完善，中国共产党同时也领导人民开展了大量的社会主义先进文化建设实践，如在“三个面向”原则指导下建设社会主义精神文明、发展社会主义先进文化、构建社会主义核心价值体系、培育社会主义核心价值观等，有力地促进了中国先进文化的发展。习近平总书记指出，我们要把培育和弘扬社会主义核心价值观作为凝魂聚气、强基固本的基础工程，要把社会主义核心价值观贯穿于社会生活方方面面，要弘扬社会主义核心价值观，不断增强全党全国各族人民的精神力量，要坚定道路自信、理论自信、制度自信、文化自信等，这些都充分表明当代中国先进文化的发展已经走向成熟。

在当代中国，从本质上讲，文化育人就是以社会主义先进文化影响人、塑造人和提升人，它更强调发挥社会主义先进文化的意识形态功能。中国先进文化发展得越成熟，它所具有的文化势能就越高，所具有的文化引导力就越强，它的意识形态功能也越容易得到发挥。从这个意义上讲，社会主义先进文化自身的发展与成熟是文化育人必要的前提条件。

二、精神文化需求提升

新时代下我国科学技术和经济实力显著增强，整个国家慢慢地强大起来，人们的物质需求得到基本满足，在物质需求得到基本满足后，人们就会去追求更高层次的需求，即精神文化需求。努力推动文化事业和文化产业的繁荣发展，切实满足人民群众精神文化需求，必将极大地推动我国社会主义物质文明、政治文明和精神文明的共同发展，必将极大地推动构建社会主义和谐社会这一伟大事业的发展。改革开放以来，我国的社会主义现代化建设取得了举世瞩目的成就，社会物质财富迅速增加，人民群众的物质生活得到很大改善，精神生活也在不断丰富。随着物质生活的日益改善和精神生活的日益丰富，人民群众对精神文化消费提出了更高的要求，这种要求不仅是数量上的增加，更是质量上的提高。人民群众精神文化消费日益增长的需求，为我国文化事业和文化产业提供了广阔的发展空间，同时也带来了越来越多的挑战。

在当今世界，随着文化与政治、经济相互融合的不断深入，文化越来越成为民族凝聚力和创造力的重要源泉，越来越成为综合国力竞争的重要因素，丰富精神文化生活越来越成为我国人民的热切愿望。精神文化需要是人的文化主体性的体现，是人对物质生活条件和精神生活条件依赖关系的自觉反映。人作为一种物的存在和文化存在，既有物质需要，也有精神文化需要。精神文化需要是人类特有的需要，它的内容十分丰富，如求知、审美、娱乐、道德、情感、尊重、自我实现需要等，它的形式更是多种多样，不胜枚举。精神文化需要以丰富人的精神世界为目的，是人类对精神文化生活的能动追求与自觉反应，是人类追求自我主体价值的体现。马克思指出，人以其需要的无限性和广泛性区别于其他一切动物，这表明人的需要具有无限丰富性和无限发展性。人在满足衣食住行等物质需求的过程中，也会产生审美爱好、社会交往、感情归属、获得尊重、自我实现等丰富的精神文化需要。而且，人们对精神文化生活的需要也会随着物质生活条件的不断改善而不断提升。精神文化需求的满足以物质需求的满足为基础，对物质需求的实现与发展又有着重大的推动作用，物质需求与精神文化需求相互影响、相互促进。

人的精神文化需要由低到高大致可划分为三个层级：第三层级是最基本的精神适存需要，一般表现为在社会与精神交往中产生的爱情、友谊、尊重、归属等；第二层级的精神发展需要，表现为人们对科学的思想理论、正确的价值观念、高尚的道德情操、坚强的意志品质的追求；第一层级的精神完善需要，表现为对理想人格的追求、对人生最高价值的追求、对自我实现的追求、对理想社会的追求等。

当代中国人的精神文化需求有所提升。随着我国人民物质生活水平的不断提高，以及人们物质需求的不断发展和满足，人们对精神文化生活也有了更多更高的追求，精神文化需求在人们生活中的地位日益凸显。人们开始高度重视自身的精神文化生活品质，求知求美求乐的愿望十分迫切，精神文化需求也空前强烈。目前，我国已经进入消费需求转型、文化消费加速增长、文化消费结构优化、文化需求呈多元化发展的阶段。

第一，人们的消费需求转型。随着人们物质生活水平的提高，人们的文化需要得到了激发和释放，文化消费观念也随之转型。尤其是随着新型文化消费观念的兴起，人们的消费需求逐渐从生存型转向发展型、享受型，在基本的衣食住行等“刚性”物质需要得到满足后，人们开始注重与自身发展、生活享乐相关的教育、旅游、健美、娱乐等一些“软性”的消费。为了谋求更好的发展，更大地实现自我价值，人们要参加各类学习培训，不断增加自己的文化资本；为了维护自己的形象尊严，不惜重金进行美容保健，购买时尚服饰、用品，对各种文化产品与服务追求品牌消费；为了享受生活，人们开始热衷参加各种文化休闲娱乐活动，如旅游、听音乐会、现场观看运动比赛、参加文体活动等，以使自己的生活更有质量、有品位、有尊严。在人们消费需求转型的过程中，人们物质生活水平的提高和思想观念的解放起到了重要的促进作用。

第二，人们对文化消费的需要加速增长。随着人们生活水平的不断提高和消费需求不断向自我发展与享乐方面转型，人们的文化消费需要明显呈现出快速增长的态势。有学者研究表明，文化消费的增长速度和居民收入的增长速度具有高度的一致性，居民收入稳步增长强力拉动着文化需要的增长。近几年，人们对精神文化生活更是空前重视，人均文化消费每年都有所增长，与物质需要相比，人们对精神文化需要的增速更快，而且呈加速增长趋势。

第三，人们的消费结构优化。随着文化素质的提高，人们的文化品位也在不断提升。人们的精神文化需要，从满足基本的精神生存需要，到满足追求价值观念、思想道德品质的精神发展需要，再到最高层级的追求理想人格和自我价值实现的精神完善需要，由低向高，逐渐提升。为满足自己的精神文化需要，人们更加注重提高自身素质，开始学习现代化的新媒体应用技术、接受高层次教育，开始享用较高层次的文化产品及服务。高雅的精英文化不再是知识分子、专家、学者等少数精英分子专享的文化，而是日趋面向广大群众，成为更多人共享的文化。同时，大众文化也迅猛发展，成为人们不可或缺的精神文化食粮。总之，在精神文化消费上，人们张弛有度，既要理想追求谋发展，又要享受生活乐当下；既追求着享受高雅文化的生活品质，又感受着走近大众文化的快乐，保持合理的消费结构。

第四，人们的精神文化需求向多元化发展。新媒体技术日新月异、社会主义市场经济不断发展、马克思主义大众化深入发展、大众文化广泛兴起，社会能够提供给人们消费的文化产品和文化服务，内容无比丰富，既有精英的、高雅的，也有大众的、通俗的，涉及社会科学、自然科学、文学、艺术等一切领域；形式无比丰富，既有传统的，也有新兴的，通过各种各样的文化载体广泛融入人们的日常生活，人们消费十分便捷。随着可选择的文化消费项目和文化载体日益增多，人们文化需要的内容和形式也更加丰富多样，而且越来越多地利用现代化的科技手段来满足自身文化需要。随着文化生活品质的提升，人们的精神文化需要层次也在不断提升，呈多样化发展，如今培训教育、旅游、网络平台、数字娱乐日益升温，为进一步发展社会主义文化奠定了基础。

人们精神文化需求的提升，作为人的文化主体性发展的一个重要标志，是文化育人中不可或缺的人的能动性的体现，是实施文化育人的一个必要条件，而且人的精神文化需求层次越高，越有利于文化育人的有效实施。

三、思想政治教育重要性凸显

新时代，是实现社会主义现代化强国的重要阶段。面对新形势、新环境、新问题，加强思想政治教育，对建设社会主义现代化国家、培育时代新人意义重大。

党的十九大报告提出的习近平新时代中国特色社会主义思想，为如何建设中国特色社会主义、如何更好地促进中国各方面发展提供了指导思想，也为新时代如何加强思想政治教育提供了指导思想。习近平新时代中国特色社会主义思想是对如何发展中国特色社会主义这一重大课题不断进行研究探索而形成的，是马克思主义中国化的最新理论成果。实现中华民族伟大复兴是加强思想政治教育的最重要的任务。民族兴、国家兴，发扬以爱国主义为核心的民族精神和以改革创新为核心的时代精神，加强思想政治教育尤为重要。尤其是青年们，青年是整个社会中最积极、最有生气的社会力量。中国的昌盛、繁荣与每个青年密切相关。新时代青年们是民族发展的未来，肩负巨大的历史使命。加强思想政治教育，有利于青年们更好地发挥自己的使命，承担社会责任，贡献一份力量。同时，中国特色社会主义思想明确了我国社会发展的主要矛盾，强调我国各方面的发展要以人为中心，促进人的全面发展。以人为中心，是加强思想政治教育的最根本目标要求，也是核心所在。

实现社会主义现代化强国需要加强思想政治教育。中国特色社会主义进入新时代，为了实现政治、经济、文化、社会、生态等建设方面的全面发展，要大力发展生产力，解决发展不平衡、不充分的矛盾。而加强劳动者的思想政治教育，增强劳动者的思想道德意识，更有利于激发广大群众的积极性、创造性。正如马克思主义哲学提到的，意识对人的发展具有能动的作用。加强对人民群众的思想政治教育，解放思想，为社会各个方面的发展创造活力，努力为实现“五位一体”“四个全面”创造更好的条件。实现社会主义现代化强国需要正确处理好素质教育与思想政治教育的关系。科学技术的发展越来越重要，科学技术的发展在综合国力中发挥着重要的作用，对于全面建成社会主义现代化强国具有重要意义。改革开放以来，国家十分重视处理好人们的思想教育和素质教育的关系。素质教育中“素质”是指科学文化素质、思想政治道德素质、身体和心灵素质等。而思想政治教育对人的培养担负着重要的责任，对素质教育的发展起着促进作用，在素质教育中发挥着核心作用，素质教育离不开思想政治教育。同样，素质教育的发展，对更好地建设社会主义现代化，实现社会主义现代化强国具有重要的意义。

在全球化影响不断扩大的新时代中，多元文化与思想借助互联网技术等在我国社会中广泛传播。当代大学生是在互联网的陪伴下成长的。同时，大学生的社会经验有限，分辨能力、自制力、认知水平等都有所欠缺，在纷繁复杂的多元思想及文化环境中，无法确保他们能够不受不良思想及文化的影响。只有通过良好的思想政治教育才能提高学生的心理素质、辨别能力、认知水平，才能确保其思想、观念等不会受不良思想与文化的侵蚀，保障学生的身心健康成长与持续发展。

大学生是建设国家和社会的储备力量，是国家未来的希望。教育是帮助学生培养能力、提高素质的重要手段，学科教育及专业教育是促进学生综合知识与技能提升的重要手段，思想政治教育则是保障学生世界观、人生观、价值观等重要思想观念正确性的关键教育手段。思想政治教育是否能够有效开展，决定了学生是否能够将在学科教育及专业教育中所学的知识与技能正确运用于国家及社会的建设中，也决定了学生是否愿意使用所学知识与技能建设自己的国家。因此，思想政治教育的有效开展，是关系到国家与社会发展前途的重要教学内容，必须高度重视。

民族兴，国家兴，加强思想政治教育有利于增强民族凝聚力、创造力。无论是过去还是现在，青年是国家发展中最积极、最有活力的力量。国家的繁荣昌盛需要青年发挥自己的力量，更需要国家对青年的积极引导。因而，加强对青年的思想政治教育具有重要意义。中国青年是具有远大理想的青年，是具有丰富创造力的青年，无论是在革命、建设还是改革时期，青年均推动着中国发展的进程。“五四运动”至今100多年来的实践证明，青年对中国的建设发展起着推动作用。在中国共产党的领导下，在中国特色社会主义思想的指引下，坚持道路自信、理论自信、制度自信、文化自信，实现中华民族伟大复兴，对青年加强思想政治教育意义重大。

学生思想政治教育是学生成长和发展的重要基础。对于学校而言，思想政治教育的有效开展是促进学校教育改革的重要方式；对于国家及社会的发展而言，思想政治教育有利于保障人才培养的质量，是培养德才兼具型人才的重要教育内容；对于学生自身而言，思想政治教育是保障其符合新时代社会发展需求的重要方式，是促进其身心健康、持续发展的重要因素。具体而言，学校作为人才培养的重要阵地，必须结合时代发展对人才的需求合理开展教育工作。在新时代，社会发展不仅在技能、知识等方面提出了更高的要求，而且对学生的品德修养等综合素质提出了更高的要求。在新时代，教育的本质及目的都发生了变化，要提升学校教育效果，必须重视对教学内容的调整与改革，在满足社会的人才培养需求的同时，也实现学校教育的改革，有利于推动学校教学水平的整体提升。

第五节 文化育人的内在机制

文化育人作为一个文化价值的客体主体化过程，实现文化价值客体主体化的内在机制主要有“人化”与“化人”互动机制、文化认同机制、文化内化与外化机制、感染与模仿机制。主要表现在：其一，文化是在“人化”与“化人”的双向历程中生成的结果；其二，个体思想的形成是文化认同机制发生作用的结果；其三，文化育人强调文化知识内化为个体自身的思想、情感及行动中的文化自觉；其四，模仿与感染相伴而生，受教育者在一定文化情境感染下会做出一种类似反应性行为。

一、人化与化人互动机制

从文化生成的基础来看，文化总是以人的主体性实践为基础，是人依照自己的目的和意愿“向文而化”（即“人化”）。离开文化主体人的“向文而化”，文化便失去了可以生成的基础。人“向文而化”有两个向度：一是向外扩张，即按照“人”的发展需要和理想不断改变人的外部世界，使外部世界“人化”；二是向内完善，即按照“人”的发展需要和理想不断提升和完善自我，实现人自身的“人化”。其中，人自身的“人化”离不开文化的参与。无论是因为人作为一种历史性的文化存在，还是因为人作为世界不可分割的一个重要组成部分，人的提升与完善都离不开外部世界文化的孕育和影响，都要经历文化“化人”的历程。文化像人的血脉一样，贯穿在特定时代、特定民族、特定地域的总体性文明的各个层面中，以自发的、内在的方式左右着人类的生存活动。从这个意义上讲，“人化”与“化人”共同构成文化生成的基础，二者均不可或缺。

从文化生成的历程来看，文化是在“人化”与“化人”的双向历程中生成的。人创造文化，文化也塑造人。人与文化是一种双向构建的关系，这种关系主要体现在两个方面：一方面，是人“向文而化”，简称“人化”，即人通过社会实践，将外部世界对象化，创造出丰富多彩的文化。人将外部世界对象化的过程，实际上就是人“向文而化”的过程。人在“向文而化”的过程中创造文化，发展文化；另一方面，是文化“化人”，即人在外部世界文化的孕育下不断发展、提升。在文化化人的过程中，看似没有直接创造新的文化，但是促进了新的文化主体的生成，为进一步的文化创新发展奠定了基础。从这个意义上讲，文化生成于“人化”与“化人”的双向历程中，是人与文化相互构建的结果。

文化生成的内在机制体现在“人化”与“化人”的互动过程之中，这一互动过程就是人类文化的原初生成和当代生成的共同规律。“人化”与“化人”，作为文化生成的双向历程，二者彼此交融、循环往复、互生互动，文化就是在二者永不停息的双向互动中不断地生成着、发展着。

高校校园文化与文化主体在高校校园文化育人功能存在相互作用的关系。从高校校园文化的形成与发展来看，它是高校师生员工在办学实践中共同创造的。而高校校园文化一经形成，便会以文化的方式作用于人自身，对人产生正面或负面的影响。因此，高校校园文化育人功能发挥遵循着“人化”与“化人”的互动机制。

高校校园文化育人功能发挥的实践过程中：一方面，高校师生作为实践活动的主体，在实践过程中以育人目的为指引，将外部世界对象化，创造出丰富多样的文化成果。在这一过程中丰富和发展了高校校园文化，有意识地创建了有利于育人实践开展的文化环境，实现了“人化”过程。另一方面，文化育人包含着“以文化人”的含义，人们创造了文化，文化也在塑造人。从高校校园文化育人功能发挥的内容来看，高校精神文化作为其重要内容也发挥着价值涵养和文化熏陶的重要作用。高校精神文化体现了高校的办学理念与价值追求，是高校在长期的办学实践中多重因素相互融合的结果，是高校校园文化的精髓，也是高校赖以生存和发展的精神动力。高校精神文化所包含的以学术创新精神、学术诚信意识、学术责任意识、学术合作精神为内容的高校学术精神，以及以人为本的教育理念，在很大程度上体现了高校的人才培养理念和文化价值取向，是高校营造校园氛围、塑造价值理念的集合体，也是高校规范师生言行，引导大学生在学术生活中进行正确的价值选择和价值判断的重要力量。

高校校园文化具有“在而不在”的特征。大学生受到高校校园文化氛围的长期熏染，能够在不知不觉中受到影响，潜移默化地完成自身思想观念的转化。而高校校园文化育人功能发挥的前提是良好校园文化环境的建设。从这个意义上讲，高校校园文化育人功能发挥实质上是“人化”与“化人”双向建构的过程，文化育人的价值，就是在“人化”与“化人”的互动机制中得以实现。

从“人化”与“化人”的互动机制可知，实施文化育人，要着重从两个方面下功夫：一是加强社会主义先进文化建设，在具体的文化育人活动中，就是加强承载社会主义先进文化的文化载体建设，以增强文化化人功能；二是加强人的主体性建设，促进人的全面发展，以增强人在发展社会主义先进文化过程中的本质力量，即提升“人化”水平。

二、文化认同机制

文化认同，就是指对人们之间或个人同群体之间的共同文化的确认。使用相同的文化符号、遵循共同的文化理念、秉承共有的思维模式和行为规范，是文化认同的依据。具体而言：第一，文化认同区别于国家认同、民族认同，是对自身文化身份的确认，三者之间虽然有重合，但立足点不同，国家认同和民族认同在一定程度上是对国家和民族文化的认同，但文化认同并非局限于国家和民族范围内。第二，作为认同概念在文化上的扩展，文化认同一方面是对自我文化身份的确认，是由“我”向“我们”的转变；另一方面，也是对“我”及“我们”与“他者”文化的区分。第三，在文化认同的强大驱动力下，归属于某一文化团体的人往往对自身文化具有强烈的认同感、自豪感及归属感。大学文化认同是指大学师生对高深知识传承、发展、创造过程实践中形成的、共同享有的思想观念、行为规范和生活方式实现确认、认同的过程。

文化育人强调“以文化人”，强调文化知识内化为个体自身的思想、情感及行动中的文化自觉。在这一过程中，起重要作用的是主体的文化认同。所谓认同是指个体人对个体之外的社会意识的价值和意义在认知和情感上的趋同，并促使个体自觉行为的一种心理倾向。认同可有多种指向，如民族认同、国家认同、文化认同等，其中，文化认同是最深沉、最持久的力量，处于最核心的地位。文化认同是指对一个群体、一个民族、一个国家文化身份的认同感，它是一种肯定的文化价值判断，文化认同中的文化理念、思维模式和行为规范，都体现着一定的价值取向和价值观。文化认同，对个体人而言，是个体人进行文化内化并形成自身文化价值观的重要前提；对于国家和民族而言，是增强民族凝聚力的精神纽带，是民族共同体生命延续的精神基因。

文化认同在先进文化和受教育主体——人之间扮演着非常重要的角色，它是文化价值由先进文化客体向文化主体人转移的中转站，是实现文化价值客体主体化的必要条件，也是文化育人功能得以实现的前提和基础。

文化认同分为外显认同和内隐认同，二者之间既相对独立，又紧密联系、相互促进。外显认同能够促进内隐认同的发展，反之内隐认同也能促进外显认同的发展。一般而言，文化在人的心理内化过程中，是遵循从外显认同到内隐认同的秩序构建的。作为文化内化的前提，文化认同是个体思想形成的重要基础。

文化认同机制，蕴含于个体对文化的外显认同和内隐认同过程之中。外显认同是个体对一种文化价值的明确认定与选择，它是个体态度转变中一个至关重要的环节。按照社会心理学的观点，个体态度的转变分为“服从”“认同”“内化”三个阶段。其中，“服从”是迫于外在压力或权威而表现出来的短暂性顺从。服从并不意味着认同，它只是表面上的顺从并且很容易改变。“服从”是个体在外部压力下对“你要我怎样做”的一种形式上的配合。“认同”是“服从”的进一步深化，表示个体不再是被动地服从，而是从内心开始主动地认可和接受一种文化价值，体现出个体自我的价值判断和价值选择，但这种价值判断和选择只是发生在思想观念层面，还没有内化为自己的行为习惯，也较易因外界影响而发生变化。“认同”为“内化”奠定了基础，使“内化”具有了发生的可能。“内化”是认同的进一步深化，是个体对某种文化价值认同的固化性结果。所谓固化性，主要是指一种文化价值经个体内化之后，转化为个体相对稳定的行为、信念，并在实践中以持续一致的方式得以显现，表现为个体相对固定的思想行为习惯。“内化”是个体心理态度转变的最终体现，它不再是“你要我怎样做”“我接受你的观点”，而是“我要怎样做”，是个体主体性的体现。

总之，个体态度转变的过程，是一个从“你要我怎样做”向“我要怎样做”转变的过程，是一个由被动服从向主动践行转变的过程。在这一过程中，外显认同强调个体明确而自主的价值判断和选择，强调对社会主导文化价值观念的积极认同。它是个体态度转变的关键性环节，既为改变个体被动“服从”的状态提供了心理基础，也为接下来的文化“内化”提供了心理上的驱动力，并使三个环节由前至后逐步深化，有效承接，形成联动，在促进个体态度转变的过程中发挥着至关重要的作用。

内隐认同是个体对外在观念影响的一种接纳方式，也是个体认知与学习的一种重要方式。多数情况下，个体对外部的影响是在不知不觉、潜移默化中自然接受的，具有影响发生的内隐性，即内隐认同。内隐认同的内隐性在于个体思想观念的更新、发展变化都是以潜隐不显的、个体不知不觉的方式进行的。通常情况下，外在观念在个体身上发生的影响作用，以及个体文化价值观念的习得与养成，大多是以内隐认同的方式进行的。可以说，个体思想形成的过程在很大程度上是个体对发生影响的文化之内隐认同的过程。内隐认同作为个体思想形成的重要机制，在个体接受外部文化影响的过程中发挥着重要的作用，对个体行为的选择也起着决定性的作用。

个体对外部文化价值的判断和选择，是文化认同的重要结果。作为个体思想形成的重要机制，文化认同是外显认同和内隐认同的综合体现。虽然说个体对外部文化的接受，以及个人思想的形成，多数情况下是潜移默化、非自觉的，是内隐认同的结果，但外显认同作为个体认知和学习的一种重要方式，在人的思想形成过程中不可或缺。个体对外部文化影响的接受，不是仅凭单一的外显认同或内隐认同就能实现的，而是两种认同机制共同发生作用的过程。从这个意义上讲，无论是文化外显认同，还是内隐认同，都是个体思想形成的重要机制，都在文化育人过程中发挥着不可或缺的作用。实施文化育人时对外显认同和内隐认同应该予以同样的重视。

三、文化内化与外化机制

内化是将看、听、想等思维观点经过内证实践所领悟出的具有客观价值的认知体系。内化通过“同化”和“顺应”两种机制来完成。校园文化的内化是校园文化向内传递价值观和精神理念的过程，包括组织层面的内化、群体层面的内化等。外化是一种个人体会到他一生中的重大影响来自外部作用的感觉，个人不再为自己担负任何责任，因为“它”或“它们”引起了这个人的行动。外化是指将发生在个人身上的一切事情的原因均归于“外部”，而不归于他们自身，这种人就被称为外化的个体。内化，是将教育者传授的思想政治教育的内容（社会发展所需要的思想品德）转化为学生自己的个体意识（认识）的过程，是由外（社会发展需要）向内（个人精神世界）转化的过程。外化，是学生将内在的个体意识（新思想道德认识）转化为外在的实践行为的过程，是由内（思想道德认识）向外（行为实践）发展的过程。

人的文化价值观不是与生俱来的，而是在后天的学习生活中逐渐习得的，它有一个文化内化与外化的过程。文化育人作为一种思想政治教育实践，学生对文化的习得也有一个过程。其中，文化内化与外化是不可或缺的两个基本环节。

文化育人的过程实质上是文化的思想政治教育价值“客体主体化”的过程。文化育人的核心目的是利用文化的思想政治教育功能培养人、塑造人，重在追求文化的思想政治教育功能的实现。这一功能实现的过程，实际上就是文化价值的客体作用于主体，对主体产生实际的效应，这个过程是主客体相互作用中的客体主体化过程。它不是价值从无到有的过程，而是从“可能”到“实现”、从“潜”到“显”、从“客体”到“主体”的过程，归根结底是文化价值“客体主体化”的过程。

文化育人中文化价值“客体主体化”的过程，不是简单的客体作用于主体的过程，而是主客体相互作用的过程。这一过程由文化内化与文化外化两个基本环节构成，是一个从文化内化，到文化外化，再到更高层次的文化内化和文化外化的周而复始的发展过程。文化内化，是文化中所蕴含的思想政治教育相关的思想、认识、政治、道德等内容，为学生个体所接受，并转化为个体相对稳定的思想价值认知、情感、信念等内在意识的过程。文化外化是学生个体将内化形成的思想价值意识和动机转化为外在的思想品德行为，并养成良好行为习惯的过程。

经过文化内化与文化外化两个环节，文化中所蕴含的思想政治教育价值，从学生个体之外的价值客体，到被个体接纳吸收成为其自身的价值观念，再到经个体价值观驱动转化为外显的思想品德行为，实现了从客体到主体的转移。这一过程就是文化的思想政治教育价值“客体主体化”的过程，也是学生个体思想政治品德形成发展的过程。

文化内化与外化二者辩证统一，关系十分密切：首先，二者是内在统一的。它们都以思想政治教育实践活动为基础，以良好的育人实效（即塑造人的良好素质，使人养成良好的行为习惯）为目的。其次，二者是相互依存、互为条件的。文化内化是文化价值输入，即将外在的文化思想意识转化为个体内在的文化思想意识，使人形成新的思想，它是文化外化得以发生的前提和基础。而文化外化是文化价值输出，即将个体的文化思想及动机转变为外在的文化行为，使人产生新的行为，它是文化内化成果的外在体现，是内化的目的和归宿。没有外化，内化也就失去了存在的意义。最后，内化与外化之间是相互渗透、相互贯通的。在内化过程中，思想认识离不开行为实践；在外化过程中，行为实践也离不开思想认识的驱动和指导。二者不是凝固僵死的，而是在一定条件下互融互动、相互贯通、相互转化的。

文化内化与外化是思想政治教育过程中实施教育的两个重要阶段。在文化内化阶段，教育者要运用一定的文化载体，将特定的思想政治教育内容传递给学生，使学生从中自主选择和汲取其文化思想价值，并形成个体内在的文化思想意识。在文化外化阶段，教育者要帮助和促进学生把自己内化形成的文化思想意识自觉地转化为外在的思想品德行为，并养成相应的行为习惯。在这两个教育阶段，教育者的教育主体作用十分重要，没有教育者的教育设计、安排与推动，思想政治教育意义上的文化价值内化和外化将无从实现，文化育人也无从谈起。因为只有经过内化与外化，文化育人的成效才能得以展现。从这个意义上讲，文化内化与外化也是文化育人的两个基本环节，在文化育人中不可或缺。

高校校园文化育人功能发挥是教育者的文化引导与大学生的自我教育共同作用的实践过程。

一方面，教育者将教育内容融入高校校园文化建设，利用高校校园文化的育人功能对大学生进行文化价值观引导。教育者能够利用其主导地位，将时代内涵与时代精神融入高校校园文化，从而达到培养大学生正确价值观念与思想品质的育人目的。教育者是高校校园文化育人过程中的主导者，对文化载体的选择、文化环境的优化起着主导、引领的作用。

另一方面，大学生具有主体意识，能够在高校校园文化育人功能发挥的过程中主动学习，自觉接受文化影响，进行自我教育。高校校园文化育人功能的发挥，必须充分考虑大学生在其中的主体地位与能动作用。具体而言：首先，在高校校园文化育人功能发挥的过程中，只有当教育者通过文化载体传导的教育信息被大学生个体选择接受并内化为个人意识，其育人功能才得以真正实现。所以，大学生在高校校园文化育人过程中发挥主动性，形成文化自觉，是这一过程的关键环节；其次，大学生知识丰富、思维活跃、富有朝气、接受能力和创造能力强，是进行高校校园文化创新的主要力量。调动大学生的创造力和创新思维，对于提高各种文化活动的新颖性与吸引力有着重要作用。所以，高校校园文化育人功能的有效发挥，需要充分培养大学生的主体自觉与创新意识。

四、感染与模仿机制

感染是人的情绪情感被唤起和强化，从而对某种心理状态产生无意识的、不由自主地服从的心理过程。人与人之间、人与群体之间、人与文艺作品及环境之间等，都可以产生感染作用。在校园文化活动中，常常有各种演讲会、音乐会、文艺汇演、体育比赛、舞蹈比赛、各种技能比赛、图片与美术展览等，这些活动所造成的群体心理状态，尽管没有任何组织的压力，也会使学生的情绪情感自然地受到影响，并不知不觉地产生相应的行为表现。受到感染的学生个体所表现出来的情绪情感状态，反过来又会影响其他学生的心理，从而使某种情绪情感状态获得扩散和强化。这样多次反复感染的结果，使每一位学生无形中受到一定强度的心理影响。

由于校园中师生所处的情境相似，态度与价值观比较接近，因而相互感染的作用较大。若校园文化活动的性质是积极、健康向上的，往往易于在校园内造就愉快、相互信任、和谐、奋发向上的心理气氛，而消除浮躁、忧虑、猜疑等消极的心理状态，这样，校园文化通过感染机制而对学生发挥的教育作用是十分明显的。在校园中，人与人之间相互交往的方式及生活环境对人产生的感染也是值得注意的。比如，学生在相互交往中，友善、诚挚、信任的态度，可以满足对方的心理需要，使其产生愉快、亲近的反应；而冷漠、高傲、怀疑、憎恨的表情，则易使对方产生烦恼、气愤的情感体验，结果对方受到感染也以类似的态度回敬，进而影响了相互间的关系。此外，整洁、宁静的生活与学习环境，可以令人心绪安宁、身心愉快，而杂乱脏臭的环境则令人心烦意乱。无论是良好的心境还是消极的情绪状态，都会因相互感染而在学生中产生类似的心理反应。所以，在校园中培养团结和谐、相互尊重与信任的人际关系，创造整洁、优雅的校园环境，能够使校园心理文化中的感染机制产生更积极的效果。

模仿是个体在无外在压力的条件下，受他人的影响，并仿照他人，再现他人的一些外部特征、行为方式及姿态、动作、行为等的一种社会心理行为。模仿是个体适应社会生活的重要途径，是学习的基础。模仿的发生是自觉自愿的，有时是无意识的，个体没有任何受迫感。通过模仿不仅可以形成活动的一些技能、方式，形成精神价值（思想、兴趣、风格），还会使群体成员在态度、情感和行为上的一致性得到提高，从而增强群体凝聚力。

模仿者一开始可能不具有被模仿者的特点，但随着模仿过程的持续，模仿者身上会出现越来越多被模仿者的特征。被模仿的对象能够感动模仿者，是受模仿者尊敬的人，或具有模仿者所喜爱的行为特征，从而为模仿者所认同，并产生归属于其中的心理愿望，模仿随之而来。模仿者通过模仿感觉到人格或才华的提升，体验到分享他人成功的快乐。名师出高徒是模仿这种心理机制结出的硕果。在校园中各种英雄模范人物、教师、干部、榜样群体及周围学生的行为，均可引起学生的模仿，而且越是有影响、有地位的人，越容易引起学生的模仿。具体而言：首先，教师容易成为学生的模仿对象，教师的道德品质、文明修养、治学态度、生活方式及对日常社会现象的态度，都会通过学生的模仿而对学生产生潜移默化的影响，有的甚至影响终身；其次，学校的领导、各类职工的一言一行也可能成为学生的模仿对象；最后，同寝室的同学、同班的同学、参加社团活动的同学由于经常接触，相互模仿的机会更多，因而同学之间的模仿是校园内模仿的重要方面。在校园文化建设中，学校社团活动为学生提供了无意识地向优秀者学习的平台，其所产生的影响也更为广泛。

在文化育人实践中，教育者不明言施教，而是借助于各种文化实践活动，间接地传递思想政治教育信息，感染教化学生。文化育人强调利用先进文化育人，而先进文化不是独立、抽象地存在的，它总是以丰富多样的形式具体地存在于某些特定的文化载体之中，融于个体所处的文化环境。个体对先进文化的感知和接受也多是发生在某些特定的文化情境之中，是在特定文化情境中受到文化熏陶和感染的结果。

感染是个体对特定文化情境中的思想政治教育信息自觉地产生共鸣，并受到心灵上的洗礼与触动，其实质上是一种情绪、情感及认识上的交流和传递。感染是教育者通过一定的文化情境来影响学生的方式，它作为一种教育教化机制，在文化育人实践中发挥着重要的作用。通过感染的教育机制，教育者能够通过某种方式引起与学生相同的、符合思想政治教育要求的情感、认识和行动，学生能够无意识、不自觉地接受一定的思想政治教育施教。

教育者运用感染机制的目的是要使学生的思想认识得到提升，行动得到优化。而这一目的的实现，还需要学生能动地参与。模仿是人类社会学习的重要形式，是学生接受“感染”刺激所做出的一种类似反应的行为方式。“模仿”与“感染”相伴而生，二者都是文化育人实践中的重要教育机制。

在文化育人过程中，模仿是学生政治思想品德习得的一种重要方式，也是一个观察性学习的过程。班杜拉提出模仿或观察性学习是一个过程，即“一个人观察他人的行为，形成所观察到的行为的运作及其结果的观念，并运用这观念作为已经编码的信息以指导他将来的行为”的过程。从社会学习理论的角度，模仿作为学生对某些刺激有意无意的行为反应，它不是通过教育者的命令而强制发生的，也不受教育者所控制，学生所表现出来的行为，大多数是通过有意识或无意识的模仿而习得的。模仿的内容也非常广泛，它不仅限于行为举止，而且包括思维方式、情感倾向、风俗习惯及个性品格等。但在以思想政治教育为目的的文化育人实践中，教育者通过对施教“文化情境”的选定或创设，使对学生的“感染”有目标、有方向，进而间接地掌控学生对“感染”刺激所做出的模仿性行为。从这个意义上讲，在文化育人过程中，学生的模仿行为是无意识的，但其模仿内容是教育者特定的，模仿的过程也是被教育者间接地控制调节的。

从总体上来看，文化育人的过程，是教育者借助文化的载体对学生施以思想政治教育的过程。在这一过程中，教育者通过特定的文化情境“感染”学生，学生接受“感染”刺激后，经过观察学习和模仿，习得相应的政治思想品德，进而实现教育者施教的目的。文化育人是以润物细无声的方式进行的，是教育者通过有目的的文化“感染”，引发学生有意无意的文化“模仿”，并对学生产生潜移默化的影响。在文化育人过程中，“感染”与“模仿”二者前后承接，相互贯通，共同为思想政治教育的“文化价值客体”与“受教育者”建立起有效的文化交流与传递渠道，对实现文化价值“客体主体化”起着重要的机制性作用。

由“感染”和“模仿”机制可知，实施文化育人，既要发挥教育者的主导性作用，增强他们对文化育人活动的整体安排及调控能力，如选择运用文化载体的能力、创设文化情境的能力、预判学生文化模仿的能力等，又要发挥受教育者的主体性作用，为促进学生的模仿创造有利条件。

第二章　高校文化育人的时代依据

习近平总书记十分重视文化的重要作用，强调文化是人的精神灵魂，是民族团结和国家繁荣的精神纽带和沃土，强调“国家之魂，以文化之，以文筑之”，“文运同国运相牵，文脉同国脉相连”。文化是统筹推进“五位一体”总体布局、协调推进“四个全面”战略布局的重要内容，是推动高质量发展的重要支点，是满足人民日益增长的美好生活需要的重要因素，是战胜前进道路上各种风险挑战的力量源泉。习近平新时代中国特色社会主义事业的持续发展离不开先进文化的深厚支撑，培育中国特色社会主义时代新人需要文化的涵育，实现高校思想政治教育方法途径拓展和完善需要发挥文化的功能。

第一节　中国特色社会主义事业持续发展的需要

中国特色社会主义事业持续发展离不开先进文化的有力支撑。新时代人们对高质量精神文化需求更加迫切，创造美好生活必须做好满足人们精神文化需求的时代答卷，国家治理体系和治理能力现代化需要社会主义先进文化的深厚支撑，社会主义现代化强国建设需要应对解决好文化安全的重大课题。新时代高校需要自觉承担起以文培元的重大使命，引导学生对高质量发展价值意义的正确认识，树立科学的美好生活观念，用习近平新时代中国特色社会主义思想所蕴含的真理力量推动国家治理现代化，增强实现中华民族伟大复兴的文化自信，筑牢文化安全意识，树立正确的总体国家安全观。

一、文化需求：创造新时代人们“美好生活”的必答问卷

新时代我国社会主要矛盾在文化生活领域更加突出。文化需要是个体获

取精神文化资料的愿望和意愿，文化需要的满足表征着对这种愿望和意愿的实现状态。新时代人们文化生活领域的矛盾更加突出，对高质量精神文化的需求愈发强烈。中国特色社会主义进入新时代，我国社会主要矛盾已经转化为人民日益增长的美好生活需要和不平衡不充分的发展之间的矛盾。党的十九大报告做出的这个重要论断，反映了我国发展的实际情况，揭示了制约我国发展的症结所在，指明了解决当代中国发展主要问题的根本着力点。第一，从物质与精神的矛盾运动来看，我国人民的精神文化生活领域，也必然体现和表征着我国社会的主要矛盾，物质发展为精神文化发展提供基础和条件，精神文化发展为物质发展提供动力和支持。人的精神文化生活与物质生活互相作用、互相促进。在社会主义新时代，人们对日益增长的美好生活需要必然包含了对物质文化生活和精神文化生活等不同层面的需要，人们对日益增长的精神文化需要与文化供给不充分不平衡的矛盾成为我国社会主要矛盾的重要体现。第二，从我国经济社会发展现实来看，绝对贫困消除后人的精神文化需要更突出。人民群众对美好生活的需要既是全体人民追求美好生活的共同理想，也是体现在个体人的生活改善和发展需求上的美好愿望。所以，考察人民群众对美好生活的需求既要关照全体人民这个整体，更要重视个体的需求。按照中央部署，2020 年是全国范围精准脱贫工作的决胜年，这一年，我国将在全国范围内消除绝对贫困。也就是说人们物质生活方面的绝对贫困将成为一种历史，在中国大地不复存在。绝对贫困的消除，除了对整个中国社会发展来说具有历史性意义，其更重要的价值意义在于体现了每个人物质生活水平的提高。习近平总书记反复强调，绝对贫困消除后，相对贫困仍将长期存在。这充分体现了习近平总书记和党中央对人们的美好生活需要的重视。总体上来看，一定的物质条件为人的精神生活提供基础和保障，人的精神文化需求在其基本的物质生活满足以后，会表现得更加明显。随着我国精准脱贫工作的收官，绝对贫困的消除，每个人的物质生活有了保障，人们对精神文化生活的需求就会更加突出，如何为人民群众提供更加丰富的文化供给成为现实问题。第三，从我国社会基本矛盾的表现来看，人民对美好精神文化生活需求及其供给的不平衡、不充分问题更加突出。生活“美”是主体的一种心理体验和主观感受，精神文化需求是关于生活“美”的更高层次体验和感受，费孝通提出的“各美其美，美人之美，美美与共，天下大同”，充分体现了满足人的精神文化需要的复杂性和人的精神文化需求不平衡性、多样性。

新时代人民对高质量精神文化的需求更迫切。习近平总书记强调，人民群众盼望有更好的教育、更稳定的工作、更满意的收入、更可靠的社会保障、更高水平的医疗卫生服务、更舒适的居住条件、更优美的环境，期盼孩子们能成长得更好、工作得更好、生活得更好。人民群众对美好生活的向往，就是我们党的奋斗目标。新时代人们对美好生活的向往本质上就是对生活美好的追求，包含了人民对更高质量的物质生活和精神文化生活两个方面的追求，意味着人们从为满足生存的简单物质生活追求转向注重高品质生活体验和精神文化的享受方面的期待。第一，新时代人们对高质量发展的期待本质上是对发展价值意义的更加关注。我国经济由高速转向高质量发展，人们的需求结构发生了根本性 变化，人们对物质文化生活的需要转变为对美好生活的需要，体现了人们的需要从量的要求转变为对质的追求，人们的关注点不再是“有没有”，而是“好不好”。高质量发展既是人们对更高层次发展成果的享有和获得的诉求，也体现了人们追求质量的文化自觉。第二，新时代人们对多样化的精神文化需求更直接更丰富。社会主义新时代，人们的眼界不断拓宽、品位不断提升，人们的文化需求从对文化衍生品获得的满足转化为直接占有文化。新时代绿色发展丰富了人们精神文化生活需求的内涵，我们要建设的现代化是人与自然和谐共生的现代化，既要创造更多物质财富和精神财富以满足人民日益增长的美好生活需要，也要提供更多优质生态产品以满足人民日益增长的优美生态环境需要。让老百姓呼吸上新鲜的空气、喝上干净的水、吃上放心的食物、生活在宜居的环境中，切实感受到经济发展带来的实实在在的环境效益，让中华大地天更蓝、山更绿、水更清、环境更优美，走向生态文明新时代，已成为满足老百姓美好生活需要最现实最直接的内容。第三，新时代人们对高品质精神文化体验和享受的诉求更加突出。习近平总书记指出，物质需求是第一位的，吃上饭是最主要的，所以说“民以食为天”。但是，这并不是说人们对精神文化生活的需求就是可有可无的，人类社会与动物界的最大区别就是人是有精神需求的，人民对精神文化生活的需求时时刻刻都存在。在社会主义新时代，人民群众不仅要求能吃饱，而且要生活得更舒适、更自信、更幸福、更安全，这些更多都是对精神文化层面获得感、幸福感的诉求。我国文化需求和供给的矛盾已经不是“缺不缺”和“有没有”的问题，而是“精不精”和“好不好”的问题。

创造美好生活需要满足人的文化需求。首先，只有提供了丰富多样的精神文化食粮的生活才是美好生活。进入新时代，我国人民的精神文化需求呈现出更加个性化、呈现多样化、显现层次性、凸显品质化、追求国际化的时代特征，这既是我国精神文明建设相对滞后、文化发展不平衡不充分的必然后果，也是经济社会发展的必然结果，而要满足人民群众充满时代特点的强劲文化需求，必须加快我国精神文明建设步伐，推动实现全面现代化。其次，美好生活需要化解文化供给不平衡不充分的矛盾。新时代人们精神文化方面的需要，既有数量方面的需要和满足，更有质量方面的需要和满足。从“内容为王”到“优质内容为王”，再到“意义为王”，这一演变过程展现出文化产品生产者对精神文化产品品质的更高追求。文化需要满足是特定发展阶段，由文化需要主体所发出的主观感受。发展阶段不同、文化需要主体的偏好与层次不同，导致文化需要满足具有层次性。同时，对同一个文化主体来说，文化需要满足也具有动态性，由于人是一个动态发展的过程，所以在不同的发展阶段，乃至在同一发展阶段的不同环境条件下，文化主体对文化需要也不同。而且随着一个文化需要的满足，新的文化需要又会出现。只有着眼人民生活美好的追求，促进社会主义文化大繁荣大发展，生产出丰富多彩的优秀文化产品，才能极大地满足人民群众形式多样的不同层次精神文化需要。再次，美好生活的创造过程也是一个人的自我塑造自我解放过程。马克思指出，精神文化需求是对科学的向往，对知识的渴望，他们的道德力量和他们对自己发展的不倦的要求。人民的文化需要满足是在人与社会发展的双向互动中实现的，人的文化需求满足过程也是一个文化创造创新和文化化人的过程。加快社会主义现代化建设，大力提升教育活动和科研活动的文化内涵和质量，进一步提升文学艺术创作活动、文化娱乐活动以及生活的美化活动的文化品位和境界，才能更好发挥文化产品在“增长知识、启迪智慧、开阔视野、传播信息、提升审美能力”等方面的重要作用。

二、先进文化：国家治理体系和治理能力现代化的深厚支撑

文化是国家治理的根基和灵魂。文化深刻影响着一个国家制度和治理体系的形成发展。一个国家的治理体系和治理能力与这个国家的历史传承和文化传统密切相关。党的十九届四中全会提出了推进国家治理体系和治理能力现代化的重大问题，一个国家的制度和治理体系不能脱离具体的历史文化土壤。习近平总书记指出“一个国家选择什么样的治理体系，是由这个国家的历史传承、文化传统、经济社会发展水平决定的，是由这个国家 的人民决定

的”[①]。我国治理体系和治理能力与我国的历史传统和文化传统密切相关，是中国特色社会主义制度及其执行能力的集中体现。中国共产党成立以来，就成为中华优秀传统文化的引领者、践行者、传承者和弘扬者，带领全国各族人民取得了革命胜利，实施改革开放和现代化建设，大力传承弘扬中华优秀传统文化和革命文化，发展社会主义先进文化，加强和完善国家治理，取得了历史性成就。党的十八大以来，我们党领导人民推动中国特色社会主义制度更加完善，推进“五位一体”总体布局和“四个全面”战略布局实施，国家治理体系和治理能力现代化水平明显提高。我们党始终高扬文化理想、坚守文化立场，社会主义先进文化为国家治理体系和治理能力现代化不断赋予新的内涵和动力，成为党的事业取得历史性成就、发生历史性变革的强大精神力量。社会主义先进文化不断充实人的精神世界，提振人的精神力量，成为国家治理体系和治理能力现代化的强有力支撑。

实现中华民族伟大复兴需要以习近平新时代中国特色社会主义思想凝聚力量。在我国实现中华民族伟大复兴的关键时期，必然会出现发展中的许多新情况新问题，更加需要鼓舞士气、凝聚共识、坚定信心，这就更加需要用社会主义先进文化提振精神、凝聚力量、汇聚民心。马克思主义是我国文化发展的根本指针和先进文化的灵魂。实现当代中国文化的繁荣兴盛、实现中华民族伟大复兴目标，必须坚持马克思主义在文化意识形态领域的指导地位，坚持马克思主义统领下的多样化文化发展。当今世界处于百年未有之大变局之中，各种新情况新问题新挑战不断出现，一些西方国家不愿意看到中国发展起来，更不愿意看到中国日益强大，走进世界舞台的中央，担忧、仇恨中国的发展，竭力遏制、打压、污蔑中国的发展，把中国提出的倡议、发展理念等歪曲为“新殖民主义”，企图阻滞中华民族伟大复兴的历史进程。只有习近平新时代中国特色社会主义思想这个思想之旗、精神之魂的指引，才能引领当代中国发展进步、指引人们创造美好生活。实现中华民族伟大复兴，更加需要把习近平新时代中国特色社会主义思想所蕴含的真理力量转化为实践伟力，并用之凝聚全体中国人民的意志和力量。

保证中国特色社会主义发展方向需要社会主义核心价值观引领支撑。核心价值观是文化最深层的内核，决定着文化的性质和发展方向，是一个国家、民族精神高度的重要体现。贯穿于文化之中的核心价值观的生命力和引领力

① 中共中央文献研究室：《习近平关于全面深化改革论述摘编》，中央文献出版社2014年版，第31页。

决定了文化能否立起来、强起来。植根于中华文化沃土的社会主义核心价值观，熔铸于我们党领导人民长期的伟大实践，凝结着中国人民共同价值追求，是社会主义先进文化的精髓，也是当代中国精神的集中体现。中国特色社会主义道路是历史的选择、人民的选择，“鞋子合不合脚，自己穿了才知道”。当今世界，各种思想意识形态交融共生，各种治理体系和社会制度互相联系影响，推进习近平新时代中国特色社会主义国家治理体系和治理能力现代化，不可能脱离绚丽多彩的世界在自我封闭中独善其身，必须更加重视文化交流互鉴，吸收借鉴各民族创造的优秀文明成果。需要准确把握我国国家制度和国家治理体系的文化根基和文化逻辑，将社会主义先进文化蕴含的信仰信念、价值理念、道德观念等融入国家制度和国家治理体系建设中，贯穿到补短板、强弱项的具体工作中，推动全社会坚定文化自信，为把我国制度优势更好转化为国家治理效能凝聚共识、营造文化氛围，并坚持以社会主义先进文化为我国国家制度和国家治理体系的完善发展提供价值引领。激发文化创造新活力，涵育文化新理念，破解文化新课题，培养文化发展新业态。只有重视文化建设，推进文化创新，发展符合时代要求的社会主义先进文化，创新发展中华民族优秀文化，消除腐朽落后文化，才能更好地支持和促进国家治理体系和治理能力现代化。

三、文化安全：社会主义现代化强国建设无可回避的重大课题

文化安全是国家总体安全的重要组成。国家安全是国家发展繁荣的前提和基石。习近平总书记强调，我们党要巩固执政地位，要团结带领人民坚持和发展中国特色社会主义，保证国家安全是头等大事。总体国家安全观是以习近平同志为核心的党中央创新国家安全理念，统揽国家安全全局提出的时代命题。总体国家安全观是指导我们做好国家安全工作的系统思维和方法原则，文化安全是国家安全的重要保障。随着经济全球化的深化，思想文化领域的冲击激荡更加严峻，文化安全的重要性更加突出，不占据意识形态领域斗争的主动地位，没有文化安全，就没有国家的总体安全。

经济全球化带动的文化全球化冲突与争端更加突出。经济全球化带来的是一个世界各国经济、政治和文化方面的同质化，在这个过程中，西方的经济、政治、文化迅速向全球蔓延和渗透，资本的世界范围内流通、跨国人员的交流空前频繁， 带来了各民族文化的全球互动。加之网络信息化的作用下，各国人民的思想观念打破了时空界限，弱化了传统社会人际交往的相对

独立性，世界各国、各行业、各民族之间形成了一个“虚拟社会”，媒体融合发展对人们的生活方式、思想观念和价值取向的影响更加直接。文化全球化是一个包含并且不排除异质化的同质化过程，是一个包含并不排斥本土化的全球化过程。文化全球化使各国文化有了广阔的发展空间，但文化全球化进程中的同质化又使各国的文化独立性遭受着深刻的影响和遭遇，不同文化的交流和融合，不可避免地带来文化争端和冲突。文化全球化也不是一个平等的文化交流过程，西方国家凭借其全球化过程中的强势和有利条件，不断强化其文化和价值输出，实行世界范围的“文化霸权”，意图打压和控制弱势文化。当前世界文化的多元争端与冲突，实质上是美国文化价值的世界传播入侵和他国文化防范文化渗透冲击之争。美国文化不仅强势入侵和冲击着发展中国家，也强势影响着其盟国文化。据报载，近年来文化产业在世界贸易中的比例激增，美国凭借其优势，以贸易自由化为借口，积极打入他国文化市场，既渗透文化又获取实利。美国近邻加拿大95%的电影、93%的电视剧、75%的英语电视节目和80%的书刊市场主要是被美国文化产品所控制。加拿大采取了一系列保护本国文化的举措。

习近平新时代中国特色社会主义建设面临文化安全的矛盾和挑战。党的十九大报告提出，中国特色社会主义进入了新时代的历史新方位，新时代是承前启后的时代，也是继往开来的时代。在这个时代，我们将继续夺取新时代中国特色社会主义的伟大胜利，决胜全面建成小康社会、加快全面建成社会主义现代化强国；全国各族人民将在这个时代团结创造美好生活，逐步实现共同富裕；全体中华儿女在这个时代勠力同心、奋力实现中华民族伟大复兴中国梦；我国也在这个时代日益走近世界舞台中央，为人类做出更大贡献。新时代高校文化育人必须科学把握好新时代这个新的历史方位中我国社会发展的精神文化矛盾。这些矛盾，包含了民族文化的传承发展与世界文化交融冲突的矛盾、社会主流文化主导与大众多元文化繁荣的矛盾、科学文化发展与人文文化彰显的矛盾、人们对更好精神文化生活的期待与精神文化产品供给不平衡不充分的矛盾，等等。在现代社会，文化不可能完全超越民族性而成为世界性的普适文化，也不可能完全游离于世界文化之外而成为独立的民族文化。在社会主义现代化建设中，文化的繁荣发展既要面临外来文化的影响渗透和冲击，又面临着人们生活生产方式的变化而引起的思想观念的裂变，面临新时代整个社会价值体系的构建与重塑，社会主义核心价值观引领社会先进文化面临来自国外国内的各种挑战。随着我国改革开放的加深和社会主义市场经济的发展，大众文化已经成为一种强大的文化力量，深刻影响着人们生活的各个方面，文化的娱乐功能、消费功能、休闲功能被过度强化，社会亚文化凸显，必须更加强化马克思主义意识形态主导，强化一元主导下的文化多元并存，用社会主义核心价值观引领人们的思想生活。

建设社会主义现代化强国需要用文化提振人的精神动力。人的发展与社会发展是一个双向互动过程，现代化最根本的是人的现代化，建设社会主义现代化强国，最关键的也是人。文化可以提振人的精神动力，坚定人的信念意志。建设社会主义现代化强国需要更加发挥文化的作用，使人的内心更自信、更强大，使人的精神更提振。建设社会主义现代化强国，最关键的是文化强。只有文化的强大，才是真正意义上的现代化强国，只有文化复兴，才是真正意义上的民族复兴。首先，社会主义现代化强国使人们有尊严的生活成为现实。中国近代以来丧权辱国的屈辱史告诉我们，只有国家的强大才可能有人的尊严。新中国的成立，使人们当家成为自己的主人。改革开放以来，随着我国社会生产力的跨越式发展和社会供给能力的极大提高，人们对美好生活的需求结构发生的巨大变化，不仅在高质量物质生活方面有更高期待，而且盼望更加丰富多彩的精神文化生活，更加追求精神文化生活的品质和境界，体现在人们对获得感、幸福感、安全感以及尊严感等方面的主体体验诉求更加突出。人们渴望过上有价值、有尊严的生活，希望得到更多认同、更多满足。人的尊严从来是与人们所处的现实生活联系在一起的，人的尊严本质上是人的价值和意义的彰显，是人的权利得到尊重。马克思曾旗帜鲜明地批判了资本主义统治下人的尊严的缺失，指出在资本统治中，人之所以没有尊严，根本原因在于物的增值和人的贬值成正比，物的增值越大，人的贬值也就越大，人的权利被物的权利所取代。在社会主义条件下，人的尊严和权利得到充分彰显和保障，在社会主义新时代，人们过上有尊严的生活，更是对生活价值的追求，也是对一种文化价值的期待。而这种诉求和期待也只能在社会主义现代化强国建设中不断得到满足和实现。其次，只有现代化强国做后盾才能使人更加强大自信。文化自信源于主体的文化需要满足，并形成于文化实践活动基础之上，经历了由文化需要满足到文化认同，再到文化自信树立的过程。在现代化强国建设中推动文化全面振兴，大力弘扬中国精神，用中国人民在长期奋斗中培育、继承和发展起来的“伟大创造精神、伟大奋斗精神、伟大团结精神、伟大梦想精神”为主要内容的伟大民族精神振奋人心，才能使中国人民在精神上更加自信和强大起来。在现代化强国建设中，应更加重视中华文化的传播，讲清楚中华文化的历史渊源、发展脉络、基本走向和中华文化的独特创造、价值理念、鲜明特色，引导人们树立和坚持正确的历史观、民族观、国家观、文化观，增强做中国人的骨气和底气。同时着眼扩大中华文化影响，推进文化国际传播能力建设，讲好中国故事，让中国形象在世界上更加闪亮起来。再次，在现代化强国建设的进程中实现人对物的超越。人是一种自然、社会和精神存在的统一体。人的发展与社会的发展是互相影响、辩证统一的。人的第一位的基本物质需求的充分满足会促进精神文化需求成为主导性需求。而实现人对物的超越也是人自由而全面发展的内在含义，人的自由而全面发展要求加快推进现代化建设，为人民群众提供更加丰富的精神文化产品，使人们在丰富高雅的文化生活滋养中实现对物的超越，内化为人们高尚的道德情操和精神素质，提振人自由而全面发展的精神动力。

第二节 培育时代新人的需要

培育时代新人，需要文化的力量增强其价值自信，以文化培育精神基因；贯彻落实我国高等教育方针，需要坚持立德树人的文化指向，重视文化的世界传播和影响力；大学生思想政治教育需要加强我国独特文化和发展大势的教育，以文化增强育人内生动力，着力培育具有中国情怀的世界一流人才。

一、以文培育：造就民族复兴大任时代新人的要求

一代人有一代人的责任和使命，时代新人是一个历史与现实统一的范畴，不同的时代有这个时代所需要的新人，不同时代也赋予了这个时代新人的特殊内涵和要求。在社会主义新时代，培育担当民族复兴大任的接班人，需要以文化厚植时代新人的价值自信，以文化彰显时代新人的人类命运共同体精神基因。

增强时代新人的文化自信和价值自信需要文化的持久力量。为谁培养人、培养什么人的问题，始终是我国高等教育的首要问题。从培养“有社会化主义觉悟的有文化的劳动者”的提出，到“有理想、有道德、有文化、有纪律”的“四有新人”目标任务转变，再到培养“四个新一代”的育人目标提出，

体现了我国高等教育人才培养具体目标在不同时期的具体内涵和要求。习近平总书记在党的十九大报告中明确提出培养“担当民族复兴大任的时代新人”的重大命题，在思想政治理论课座谈会上又指出，我们党立志于中华民族千秋伟业，必须培养一代又一代拥护中国共产党领导和我国社会主义制度、立志为中国特色社会主义事业奋斗终身的有用人才。这一系列人才培养目标的表达，把立德树人这一教育根本任务同人才培养在不同时期的具体任务联系起来，在新的实践基础上深化了对培养社会主义事业建设者和接班人的认识，既是对新时代大学生思想政治教育的新要求，也是对新时代高校人才培养表述的新创造。关于什么是时代新人的问题，有学者提出时代新人是用习近平新时代中国特色社会主义思想武装头脑的人，是用社会主义核心价值观凝聚共识的人，是实现中华民族伟大复兴中国梦主体力量的人。有学者围绕习近平总书记的系列重要论述，认为时代新人应该有理想、有本领、有担当，具有奋斗精神、实干精神、创新精神，是新时代的奋进者、开拓者、奉献者。有学者提出培养时代新人的精神实质在于为民族复兴锻造新人是中国共产党的历史责任，自觉担当民族复兴大任的时代新人的核心意涵，践行社会主义核心价值观是时代新人的精神标识，有理想、有本领、有担当是时代新人的素质要求。高校必须从历史和现实的逻辑思考文化育人的具体目标内涵，不断深化对培养担当民族复兴时代新人思想实质的把握。建设什么样的社会、实现什么样的目标，人是决定性因素。社会主义核心价值观建设，聚焦的就是人的思想和灵魂建设。因此，培养时代新人应该把“培育什么样的价值观”同“培养什么样的人”更加紧密地结合起来，进一步深化对时代新人的标准和要求的探索和把握，着力培养具有高度文化自信和价值自信的人。

担当民族复兴大任的时代新人责任意识需要文化的塑造。培育时代新人是应对激烈的国际人才竞争、维护我国国际社会地位和利益的关键工程，是保障党和国家事业承前启后、后继有人的希望工程，是实现“两个一百年”奋斗目标、实现中华民族伟大复兴、促进人的全面发展与社会进步的主体工程。培育时代新人具有鲜明的实践含蕴，高校在人才培养具体工作中必须深刻把握文化育人的实践指向。首先，时代新人是接力实现中国梦的人。一代人有一代人的际缘，一代人有一代人的使命。中国梦是历史的、现实的，也是未来的；是我们这一代的，更是青年一代的。作为中国人民在近代以来的最伟大梦想，实现这个梦想的历史接力棒落在了时代新人身上，既是重大责任，也是时代要求，正是一代青年接一代青年的接力奋斗中，中国梦变为现实。其次，时代新人是成长在中国特色社会主义建设实践中的人。要重视从中国特色社会主义建设的鲜活实践中培育时代新人，支教、送知识下乡、志愿行动等活动，都展现了学生的风貌和服务社会、报效祖国的情怀。许多学生正是在这样的社会实践和社会活动中树立了对人民的感情、对社会的责任、对国家的忠诚。青年要成长为国家栋梁之材，既要读万卷书，又要行万里路，既多读有字之书，也多读无字之书，注重学习人生经验社会知识。要教育引导学生在社会主义现代化建设实践和改革开放熔炉中掌握真才实学，成为掌握过硬本领能担重任的栋梁之才。再次，时代新人是值得充分肯定和信任的人。在整个人类社会中，青年群体是一个最具活力和生命力的群体，这个群体是推动人类社会发展的新生力量，也是一个国家和民族兴旺发达的希望所在。青年兴则国家兴，青年强则国家强。青年一代有理想、有本领、有担当，国家就有前途，民族就有希望。实现中华民族伟大复兴的最好时代和最关键时代，为青年创造了广阔的发展空间、搭建了丰富的人生舞台，广大青年与这个时代共呼吸、同前进，承载伟大使命大有作为。这是“长江后浪推前浪”的历史规律，也是“一代更比一代强”的青春责任。事实上，新时代青年也正活跃在社会实践的方方面面，用自己的亲身实践和奋斗助力中国梦的实现。

时代新人的人类命运共同体精神基因需要文化的培育。2015 年 9 月 28 日的第七届联合国大会上，习近平总书记提出了建设“人类共同价值”和构建“人类命运共同体”的鲜明主张。从此，“人类共同价值”“人类命运共同体”成为中国处理国际关系的根本价值理念，也得到世界各国普遍赞赏。价值体现的是事物对人的需要满足和效用状况，一个人、一个民族、一个国家有不同的价值观，就是因为不同的人、不同的国家和不同的民族具有不同的利益和需要。价值观具有鲜明的属人性、民族性和地域性的特征，人类命运共同体是中国提出的解决人类共同生存和发展问题的价值理念，是引领人类发展治理、全球治理的价值理念，是全人类共同价值引领和凝聚下的命运共同体。人类命运共同体作为一种共同价值理念，不是狭义地代表哪个国家或民族的意识形态，而是倡导人类共同建设共同享有的文化意识形态，这种意识形态也只能在世界范围内的文化交流、文化包容、文化互动中才能体现出来。倡导人类命运共同体的共同价值也不是社会主义和资本主义谁战胜谁的价值观念，其主张和倡导的是一种各国、各民族平等开放公平信任基础上的一种文化互鉴和共享。人类命运共同体构建的前提就是对人类生存和发展的共同价值的认同和坚守，没有对这种共同价值的认同为前提和基础，就不可能有构建人类命运共同体的行动和实践。人类共同价值是作为人类命运共同体构建的思想灵魂和精神支柱，实际上是对人类命运共同体的构建为了什么、为了谁、怎样构建的回答。没有对这种共同价值和信仰信念的追求和追寻，就会缺乏构建人类命运共同行动的精神支撑和内在动力。在国际形势多元多变和文化交流碰撞纷繁复杂的情况下，中国率先提出和倡导人类命运共同体理念和主张，不仅真诚表达了中国人民在促进人类和谐共生与共存共荣的美好愿望，而且也充分展现了中国推动构建以合作共赢为核心的新型国家秩序和国际关系中的大国责任和道义担当。时代新人既要有构建人类命运共同体的中国自信，也要有传递人类共同价值、倡导人类和谐 共生的使命担当。既要有自觉思考人类共同问题、关注人类共同利益、促进人类共同发展 的胸怀和行动，有对不同民族、不同国家文化传统、生活方式和习俗习惯的充分尊重理解和包容，消除狭隘的民族观、历史观、国家观、文化观的文化自觉价值自觉；又要有爱党爱国爱社会主义的深厚情怀，以更大的热情和行动投身社会主义建设，在推动中国好的奋斗中实现世界好的人生理想和境界。

二、以文强基：贯彻落实我国高等教育方针的要求

重视文化的力量始终是我们党的教育方针的重要内容。教育方针作为我国教育事业发展的总体指导思想，对高等教育发展具有全局性的指导意义。新中国成立70多年来我国建立并不断发展了现代教育体系，新中国教育发展的历程有力证明了中国特色社会主义教育发展道路的正确与广阔，也有力地彰显了我国社会主义制度的巨大优越性与强大生命力。在我国社会主义建设的不同历史时期，高等教育方针强调的重点有所变化，教育方针的内容表述也有所不同，但对文化教育的重视、对文化在人的素质提升中的重要作用的关注和重视，始终是我国高等教育方针一以贯之的重要内容。1949年，《中国人民政治协商会议共同纲领》关于“文化教育政策”的规定就明确，“中华人民共和国的文化教育为新民主主义的、科学的、大众的文化教育”。1957年2月，毛泽东提出，“中国的教育方针，应该使受教育者在德育、智育、体育几方面都得到发展”，把德育放在首位体现了对道德教育和文化教育的重要性的理解。1958年，《关于教育工作的指示》提出，党的教育工作方针，是教育为无产阶级政治服务，教育与生产劳动相结合；教育的目的，是培养有社会主义觉悟的有文化的劳动者。党的十一届三中全会之后，邓小平提出了我国教育的“三个面向”、培养“四有新人”的方针。1981年《关于建国以

来党的若干历史问题的决议》提出，坚持德智体全面发展、又红又专、知识分子与工人农民相结合、脑力劳动与体力劳动相结合的教育方针。这里强调又红又专就是突出了理想信念与专业技能的结合。1993 年《中国教育改革发展纲要》指出，教育必须为社会主义现代化服务，必须与生产劳动相结合，培养德智体全面发展的建设者和接班人，培养有理想、有道德、有文化、有纪律的社会主义新人，把“有文化”作为社会主义新人培育的重要目标之一。1995 年《中华人民共和国教育法》规定，教育必须为社会主义现代化建设服务，必须与生产劳动相结合，培养德智体美劳等全面发展的社会主义事业的建设者和接班人。党的十六大报告以来的历次党代会报告中都把培养德智体美劳全面发展的社会主义建设者和接班人作为人才培养的根本目标，党的十六大报告强调教育为社会主义现代化建设服务，为人民服务，与生产劳动和社会实践结合；党的十七大报告强调德育为先的育人导向和办人民满意的教育的价值导向；党的十八大报告指出把立德树人作为教育的根本任务，全面实施素质教育；党的十九大报告指出建设教育强国是中华民族伟大复兴的基础工程，推进教育公平；党的二十大报告强调育人的根本在于立德，全面贯彻党的教育方针，落实立德树人根本任务，培养德智体美劳全面发展的社会主义建设者和接班人。

贯彻落实高等教育方针需要坚持立德树人的文化价值指向。立什么德、树什么人与高校为谁培养人、培养什么人、怎样培养人的问题是对同一个问题的不同表述和表达。高校的立身之本在于人才培养，立什么德、树什么人的问题，是高校文化育人全过程、全方位必须思考和回答的问题，也必然应成为检验评价高校人才培养的根本依据。党的十八大以来，我们党旗帜鲜明地指出中国共产党的领导才是中国特色社会主义大学的本质，立足中国大地办大学，我们的高等教育就是要为党育人、为国育才。习近平总书记在北大师生座谈会上强调，要把立德树人的成效作为检验学校一切工作的根本标准，真正做到以文化人、以德育人，不断提高学生思想水平、政治觉悟、道德品质、文化素养，做到明大德、守公德、严私德。要把立德树人内化到大学建设和管理各领域、各方面、各环节，做到以树人为核心，以立德为根本。“以树人为核心、以立德为根本”体现了对新时代文化育人的本质和规律的把握，也是新时代高校培养时代新人的根本遵循。高校在人才培养的具体工作中，不仅要把其体现在文化育人的制度设计上，还要具体到教育教学、日常管理等人才培养全过程的细微之处，明确树人的价值目标、丰富立德的文化内涵，着力培养有学识、有品德、有担当、有情怀的时代新人。贯彻落实高等教育方针需要坚持“四为服务”的文化立场。习近平总书记在全国高校思想政治工作会议上强调，我国高等教育肩负着培养德智体美全面发展的社会主义事业建设者和接班人的重大任务，必须坚持正确的政治方向。借助文化的力量加强大学生思想政治教育，实施以文化人、以文育人，必须坚持正确的政治方向，紧紧围绕高等教育为人民服务、为中国共产党治国理政服务、为巩固和发展中国特色社会主义制度服务、为改革开放和社会主义现代化建设服务“四个服务” 方向，紧紧抓住高校立德树人根本任务落实，结合思想政治教育工作实际和大学生思想心理特征，用中华优秀传统文化夯实大学生的德行基础，用内涵丰富的革命文化和社会主义先进文化坚定大学生的理想信念，不断增强社会主义意识形态的凝聚力和引领力，筑牢大学生抵御防范错误思潮侵袭的堤坝，营造大学生健康成长成才的良好文化环境。贯彻落实高等教育方针需要树立科学的教育质量文化观，高等教育质量主要不是物的客观存在，而是文化的结晶。对高校人才培养质量考察的逻辑起点在于对质量和质量文化的坚守和认同。关于质量的含义，理论界有不同的理解，美国著名管理思想家克劳士比在《质量免费》一书中指出，质量意味着符合要求，即符合客户与市场的客观要求，而不是企业自己主观定义的“好”，这就是它的全部意义。雷维斯和贝德纳曾梳理了关于质量的含义和用法，总结了四种含义：质量是卓越——最好的产品和最令人期待的结果；质量是价值——最高的性价比；质量是符合特定标准——产品和服务符合特定设计和生产标准；质量是达到和/或超过顾客的预期——顾客对特定产品和服务的评价。美国现代质量管理领军人物约瑟夫•M•朱兰在其主编的《质量控制手册》中提出，质量文化是人们与质量有关的习惯、信念和行为模式，是一种思维的背景。高等教育质量文化在高校教育质量管理实践中形成，高校质量文化是一种物质文化、行为文化、制度文化和精神文化，高校质量文化也是一种组织文化和形象文化。高校质量文化通过教学质量、管理质量和工作质量等表征和显现出来，深层次地体现着一所高校的整体形象和核心竞争力，高校质量文化具有凝聚和激励功能，具有强大约束和导向力量，能增强高校的凝聚力和竞争力，强化学校成员的使命感和责任感，激发学校成员的积极性和创造性。高校质量文化是高校文化的核心，是保证高校质量的基础，也是促进高校质量建设的灵魂，高校质量文化集中表现为一所高校的竞争能力和整体素质。高校质量文化影响人的思维和价值判断，对于坚持什么样的质量观具有重要的影响，它的价值导向决定育人工作做什么、怎么做以及达到什么效果。只有质量文化成为师生共同信念和自觉追求，社会相关利益者都在关注质量文化之时，提升高校人才培养质量才能真正成为一种价值追求和价值判断，形成一种文化氛围。

贯彻落实高等教育方针需要重视文化的世界传播和影响力。新时代是实现高等教育强国历史性跨越的关键时期，高等教育强主要体现在世界卓越的文化传播和影响力上，体现在世界一流的人才培养上，而这两个关键问题，都与文化有关。建设高等教育强国要求高校在文化交流互动中更加自觉地传播国家价值、塑造国家形象，更加重视在文化育人、以文化人中培育一流人才。首先，高校在国际交流中的文化形象本质上是国家形象。高校的国际交流合作范围和程度是一所高校办学能力水平的重要体现，不同国家之间的高校科学研究交流、人才培养交流等全部的交流合作都离不开文化，高校国际交流的全部都可以看作是文化的交流。高校在国际交流合作中，必然表征出一定的思想观念、文化观念和价值观念的碰撞，高校的文化形象是高校的文化价值观念在交流具体行为方式上的外在表现。文化价值观是高校文化形象的核心，高校的文化价值观又必然和一定国家的核心价值观相联系，是一定国家的核心价值观的具体反映。因此，高校文化形象的内核一定是与一个国家的文化内核相联系，并外在地反映和表征着这个国家的文化形象。其次，高校在文化交流互动中传播国家价值。高校是社会新知识、新文化、新思想交流碰撞和传播的前沿阵地，也是传播一个国家文化观价值观的重要载体。在2016年党的新闻舆论工作座谈会上，习近平总书记指出，要“创新对外宣传方式，着力打造融通中外的新概念新范畴新表述，讲好中国故事，传播好中国声音”。习近平总书记也特别重视中国理念、中国文化、中国价值的转化和传播，从构建“亚洲命运共同体”到“人类命运共同体”，从“命运共同”到“共同价值”都是中国文化国际传播的新主张新概念新表述。高校应主动承担起讲好中国故事，传播中国文化的使命，注意把“陈情”和“说理”结合起来、把“自己讲”和“别人讲”结合起来。通过引人入胜的方式启人入“道”，通过循循善诱的方式让人悟“道”，让“四个全面”战略布局、新发展理念和中国倡导的正确义利观、命运共同体、新型大国关系等成为世界表达中国故事的源头、读懂中国的标识……在回答好这些问题的过程中不断提高国际话语权。再次，高校在文化交流融合中创造文化。高校是引领先进文化发展的重要力量，高校以自己的文化逻辑，通过文化的选择、传递、传播、保存、批判、创新等方式对社会发展作用。一方面，高校在保存传承弘扬着中华优秀文化、促进社会现代文化的建设发展；另一方面，高校在国际交流的引进来和送出去的互动中融合发展和创造着文化。我国高校的文化自信根植于中华优秀传统文化之中，高校也必须在习近平新时代中国特色社会主义建设的伟大实践中激发更大的自信，使之在国际交流中展现出更加卓越的文化创造力、影响力和传播力。

三、以文铸魂：实现青年思想政治教育目标的要求

培育时代新人是一个复杂的系统性工程。需要坚持用系统思维加强文化育人的整体设计。关照时代新人不同成长发展阶段的具体特征和文化需求，着眼于时代新人培育的整体性把握，聚焦各种育人要素的深度融合和整体功能的发挥，促进时代新人的健康和谐发展。

新时代大学生思想政治教育需要正确认识我国独特的文化和发展大势。高校文化育人在何处着眼，何处用情，哪里用力，找准“化”的切入点和“育”的着力点，是增强育人效果、实现育人目标的关键。针对我国独特的历史、文化和国情，习近平总书记提出，要教育引导学生正确认识世界和中国发展大势，正确认识中国特色和国际比较，正确认识时代责任和历史使命，正确认识远大抱负和脚踏实地。这四个“正确认识”体现了培育时代新人的特殊内涵与要求，深刻地指明新时代高校文化育人何处切入，何处发力，如何引领学生成人成才。在正确认识世界和中国发展大势中坚定信仰信念，阐明了高校文化育人的总体要求，只有将人类发展的历史必然性、中国特色社会主义的历史必然性和中国共产党的领导的历史必然性，放置于我们党推动中国特色社会主义历史发展的伟大探索实践中去把握和认识，只有在实践中全面理解历史的必然性，才能增强对共产主义的信仰，强化对中国特色社会主义的信念，坚定对党领导的信心。在正确认识中国特色和世界比较中增强文化自信，拓宽了高校育人的文化视野。只有从中国同世界发展的横纵坐标中找准定位，才能在深刻认识中国历史的特殊性、中国文化的特殊性、中国国情的特殊性以及由此形成的中国特色，既厚植中国文化情怀，又关注世界未来发展。在正确认识时代责任和历史使命中增强文化自觉，提出了新时代大学生的文化担当和责任。只有从历史考察中找准当下的历史定位，对中国社会发展的历史逻辑有全面的认识，正确理解中国特色社会主义来自哪里、向何而去，才能主动承担起自己的历史责任，在实现中国梦的伟大征程中追

梦、圆梦，做开创时代的开拓奋进者。在正确认识远大抱负和脚踏实地的辩证统一中增强文化体验，提出了培养时代新人的文化实践要求。远大抱负不是空想、更不是幻想，只有脚踏实地，把远大理想抱负落实到具体的行动中；只有在不断深化文化体验和文化实践中，才能把远大理想抱负转化为脚踏实地、实干奋斗的精神力量，朝着奋斗目标奋进前行。

新时代大学生思想政治教育需要以文化增强育人内生动力。矛盾的主要方面和事物的主要矛盾，是事物发展的根本依据和动力，决定了事物发展的方向。“文化育人”内在地蕴含了文化“化人”和“人化”的双向辩证运动过程，生成和创造文化的过程同时也是培育和塑造人的过程。人是文化的存在，也是文化育人的核心。党的十八大以来，我们党更加重视在文化育人各环节中人的核心地位，重视激发人的主体意识，满足人的美好生活需要，围绕人、依靠人、鼓舞人、发展人、提升人，不断开辟满足人的文化视野，创新育人的文化途径，完善提升人的长效机制，激发完善人的内生动力。新时代高校培养时代新人，是一个复杂系统的工程，需要重点从学生和教师两个主体出发，从“需求侧”和“供给侧”两个维度去设计和完善育人长效机制。学生是高校文化育人的主要对象，学生成长发展的 内生动力一方面来自其日常生活体验的自然生成，另一方面来自外在的有目的有计划的教育转化。给他们真心真诚的关心关爱，理解、包容、尊重和支持他们的价值追求和选择，可以更好转化和激发他们内在的精神动力，积极回应当代大学生正当的价值愿望和利益诉求，是促进大学生认同科学思想、做出正确价值判断的必然要求。建设一支高素质的教师队伍是焕发高校文化育人内生动力的重点。习近平总书记特别强调建设高素质教师队伍的极端重要性，在2014年教师节前夕到北京师范大学考察中，提出新时代“好老师”要“有理想信念、有道德情操、有扎实学识、有仁爱之心”。《新时代高校教师职业行为十项准则》《关于高校教师师德失范行为处理的指导意见》等，既体现了新时代高校教师队伍建设的文化导向，也为加强师德师风建设提供了制度保障，高校要结合自身实际把这些要求和制度落细落小、落到实处，着力建成一支品德高尚、学识扎实、富有爱心的高素质教师队伍，以其高尚品行和人格魅力感化学生、熏染学生、赢得学生。良好的文化环境对人的发展具有重要熏陶作用，高校也要加强育人精神文化环境建设，加强优良校风、教风、学风的培育，使学生在潜移默化中接受先进文化的熏陶、涤荡。新时代文化育人也需要不断完善和创新领导机制和工作机制，形成责任明确、保障到位、运行顺畅的多方协调育人格局，使学生在高校文化场域的任何时间任何地点任何环节都经受文化滋养、经受文化塑造。

培养世界一流人才需要文化的有力支撑。教育强国是教育综合实力、培养能力、国际影响力和竞争力具有强大世界影响力的国家，文化育人是高校培养人才的重要途径。只有培养出一流人才的高校，才能成为世界一流的大学。中华优秀传统文化、革命文化和社会主义先进文化通过高校的教育教学活动融入高校文化之中，形成高校文化的精神精髓。世界各国、各民族文化通过高校交流互鉴转化成高校的育人丰富资源，高校也正是在文化传承创新和交流互鉴中实现高素质人才的培育。早在20世纪初期，我国就提出了建设教育强国的话题。在2007年12月的教育部直属高校工作咨询委员会第18次全体会议上，陈至立就提出要加快“从高等教育大国向高等教育强国迈进的步伐”。社会主义新时代，以习近平同志为核心的党中央，站在事业发展全局高度，把统筹推进世界一流大学和一流学科建设作为重要抓手，实现我国从高等教育大国转向高等教育强国的历史性跨越。《统筹推进世界一流大学和一流学科建设总体方案》于2015年8月18日经中央全面深化改革领导小组会议审议通过后，《统筹推进一流大学和一流学科建设总体方案》的通知印发，从总体要求、建设任务、改革任务、支持措施、组织实施等方面对统筹推进“双一流”建设做出了系统谋划和设计。2017年9月21日，教育部、财政部、国家发展改革委联合发布首批“双一流”建设高校共计137所，其中世界一流大学建设高校42所（A类36所，B类6所），世界一流学科建设高校95所；“双一流”建设学科共计465个（其中自定学科44个）。全面实施“双一流”建设为基本建成高等教育强国提供了有力抓手和有效途径，也为高校高质量人才培养带来机遇和挑战。高校需要以“双一流”建设为契机，加快人才培养模式创新和人才培养体制机制改革，加快在高校文化建设中不断丰富和发展教育的形式、结构和内容，更好在以文化人、以文育人中培育世界一流人才。2019年《中国教育现代化2035》把“凝聚人心、完善人格、开发人力、培育人才、造福人民”作为推进教育现代化的工作目标。明确了更加注重以德为先、全面发展、面向人人、终身学习、因材施教、知行合一、融合发展、共建共享等八点基本原则，提出开创教育对外开放新格局，拓展人文交流领域，促进中外民心相通文明交流互鉴。这些都说明，国际化人才培养中，文化的作用极端重要，必须依靠文化的力量扩大国际化办学视野，培养具有国际化视野的人才。

第三节　新时代高校思想政治教育方法途径拓展的需要

大学生处于人生的“拔穗孕育期”，更需要浇灌培育。新时代高校应自觉承担起育人的重大使命，结合新时代新发展新要求，创新思想政治教育方法途径，给大学生更多的浇灌、更多的营养，使他们顺利成长为新时代所需要和期望的一代新人。

一、价值导引：新时代高校思想政治教育作用发挥的内在要求

文化育人，“育”是方式，“化”才是关键，文化育人的灵魂和精髓在于用文化的力量化人、铸魂，要正确理解高校培育时代新人的重大使命，探索培育人的文化路径，既要重视思想政治教育的文化功能，又要重视文化的思想政治教育功能，在二者的双向互动中提升以文化人的效果。

新时代需要用时代精神塑造大学生的精神品格。教育是民族的基石、社会发展的根基，民族素质的提高和人的全面发展都需要教育，教育是中华民族伟大复兴的关键。教育塑造明天、创造未来。教育的首要问题是为谁培养人、培养什么人的问题，用时代精神涵育教育，用新时代教育塑造时代新人。时代新人要求在敏锐洞察时代问题中增强时代责任意识，在推动时代进步发展中增强文化实践意识。高校培育时代新人的重大使命在于使大学生在思想、文化和情感上强化对中华民族伟大复兴的认同，高校不仅要在理论内涵上阐释“新”的实质，还要在系统性和整体性视域中把握培育“新”的逻辑，也要在“立德树人”教育方法创新中承担造就“新”的使命。通过高校知识的传授、精神的唤醒、智慧的播撒、心灵的感召，带给学生愉快的情感体验，在追求美好幸福的过程中强化理想信念和社会责任担当。因此，高校思想政治教育工作要有更大情怀，更具人文精神和人文关怀，找准青年学生成长发展中遇到的痛点、难点，关注他们精神文化生活中面临的焦点、热点，发挥文化的力量，用体现时代发展要求的精神文化来塑造青年学生的精神品格，把育心和铸魂结合，用中国当代先进文化浸润人、教化人，用习近平新时代中国特色社会主义思想育人铸魂，用文化浸润生活，使学生在日常生活体验和形式多样的文化实践活动中享受更多的获得感、幸福感、安全感，激发青

年学生自觉将个人对美好人生的追求融入中华民族伟大复兴的中国梦之中，在社会主义建设的伟大实践中接受感染和熏陶，在追求美好生活的真干实干中书写美丽的青春华章。

新时代需要用社会主义核心价值观引领学生成长发展。高校培养时代新人、文化育人、“以文化人”，文化是基础和内容，化人才是手段和关键，文化育人、以文化人作为高校培育时代新人的一种文化实践活动的重要样式，本质上就是把一个自然存在状态的人培育、转化为社会存在状态的“文化人”的实践过程。高校培育时代新人的这个过程，凸显了文化育人与思想政治教育的内在契合性，是思想政治教育文化特性的重要表征。高校立德树人要求思想政治教育本着对立什么德、树什么人的回答，在思想政治教育的各环节全过程都离不开文化的渗透和浸润。文化有优秀和低劣、先进和落后、高雅和低俗之分，用优秀的文化、先进的文化、高雅的文化启迪人、感染人，能使人情操陶冶、心境净化、心灵涤荡。党的十八大以来，我们党致力于在创造性转化、创新性发展的弘扬优秀传统文化，致力于弘扬和传承革命文化和社会主义先进文化，始终把以科学文化、先进文化和人类优秀 精神财富育人、化人摆在更加突出位置，聚焦培育和践行社会主义核心价值观、培育担当民族复兴大任的时代新人，做出了系统的部署和设计。要充分发挥文化的功能和力量，丰富思想政治教育的时代内容，激发高校思想政治教育新的内生动力，充分依托文化教化、浸润和塑造的功能，关注人的发展时代特征，探索思想政治教育新的实践路径，实现高校育人活动由外在向内心渗透、由思想引领向灵魂深处延伸，实现从关照“人性”向聚焦“人化”的转化。

新时代需要更加发挥文化的力量提升价值观教育的效果。培育时代新人需要发挥思想政治教育的文化功能。思想政治教育的本质决定了其文化特性和功能，思想政治教育归属于政治文化和精神文化的范畴，本质上是一种文化活动。价值观教育是思想政治教育的核心，思想政治教育通过文化传承、批判、选择、创造传递价值观，培养具有创新精神和实践精神的人，促使文化精神转化为人类实践精神和价值理性，迸发出文化力。文化承载着思想，文化的交流中传递着思想。培育时代新人，必须发挥社会主义先进文化在个体价值选择与社会主流价值观内在一致的中介和引导作用，强化思想政治教育的文化根基和精神底蕴，提高思想政治教育的文化含量，充分利用思想政治教育的文化环境，积极调动思想政治教育的文化资源更好化人、育人。培养时代新人需要激发文化的思想政治功能。文化塑造人格、感召灵魂、引领精神，其功能内在地蕴含在思想政治教育之中。我国改革开放伟大实践中形成的社会先进文化，通过文化教育、文化娱乐、文化作品等物质文化的外在表现形式，供给于广大人民群众，使人民群众的精神得到丰富、文化得到满足、心理得到调节，是社会主义先进文化的思想政治教育引领和凝聚功能的充分体现。作为社会主义先进文化核心精髓的社会主义核心价值观，浸润着人们正确价值观的形成，滋养着人的精神世界，指引着人的前进方向，这些都是文化的思想政治功能的根本体现。培育时代新人，要充分发挥文化中蕴含的思想政治教育团结凝聚、社会整合、价值导向、思想引领等功能，在满足人的精神文化需求的同时，更好提振人的精神动力、指引人的前进方向。培育时代新人需要重视思想政治教育与文化的双向功能互动协同。思想政治教育与文化之间存在一种互相影响和互相依存的关系，思想政治教育的文化功能与文化的思想政治教育功能辩证统一于高校文化育人活动之中。也就是说，高校文化育人内在地蕴含了思想政治教育的文化功能和文化的思想政治教育功能。思想政治教育的理念和价值导向保证文化育人方向，文化的力量和方式增强思想政治教育的效果。新时代高校人才培养，要更加重视文化与思想政治教育的互动协同，思想政治教育与文化建设应保持同步发展、均衡发展、和谐发展，而不能一个发展得快一个发展得慢，更不能一个发展另一个不发展，才能在思想政治教育与文化的互动平衡和协同发展中迸发出培育时代新人的强大张力。

二、文化涵育：新时代高校思想政治教育必不可少的方法途径

新时代需要以文化涵养大学生思想道德和行为养成。党的十八大提出，推动社会主义文化大发展大繁荣，兴起社会主义文化建设新高潮，文化的大发展大繁荣，离不开价值引领，社会主义文化建设的新高潮，离不开高等教育的作用发挥。提高国家文化软实力，以文化引领风尚，是一种价值观的呈现，把立德树人作为教育的根本任务，培养德智体美全面发展的社会主义建设者和接班人，为高校思想政治教育提出了更高的要求，强化了思想政治教育的育人地位。这就要求大学生思想政治教育，必须围绕社会主义文化强国建设的战略落实，必须回应社会主义文化建设的现实要求，必须关注大学生的发展特点，突出思想政治教育的文化特性，发挥好思想政治教育的文化功能，以文化涵养大学生思想道德和行为养成，进一步提高大学生思想政治教育的质量。思想政治教育是一个价值观传递的过程，也是一个文化传播过程。

思想政治教育传递着特定阶级的意识形态，只有遵循文化的育人逻辑，才能实现以文“化”人的效果。文化涵育体现在思想政治教育的目标定位上，需要把提高大学生的思想文化素质、培养健康完美人格、促进大学生全面发展，作为思想政治教育的目标导向。文化涵育体现在质量评价的价值选择上，需要更加突出先进文化对大学生思想文化形成的引领作用，提升育人工作的文化品位，强化育人实践的人文特征。文化涵育体现在育人质量评价的功能效用上，需要着力通过评价丰富育人工作的文化内涵，强化凝聚人心的文化力量，引领大学生文化价值观形成，进而影响大学生修身成人的心理活动，塑造大学生的思想观念和意识形态。文化涵育体现思想政治教育的主体责任上，需要通过评价有效提升教育者和被教育者的文化素质，增强文化育人的心灵共鸣性、深层魅力性，更加提升育人的针对性和实效性。需要在关照文化育人与思想政治教育质量 的内在联系上体现文化涵育。高校文化育人和思想政治教育的对象主要都是大学生，聚焦的都是大学生的思想灵魂，关照的都是大学生的健康成长成才。因此， 高校文化育人和思想政治教育在本质上具有内在一致性。思想政治教育是根据社会的需求目标实现人的道德要求、价值观念、文化素质等塑造的过程，思想政治教育不可能与文化脱节，思想政治教育运行过程也不可能脱离文化的影响，思想政治教育的内容、方式和载体等必然受一定时代的主流社会文化影响，熔铸上这个时代的文化烙印。实践是联系思想政治教育和文化育人的纽带，价值观是思想政治教育和文化育人内在一致的根据。引导大学生形成正确价值观，既是高校思想政治教育的任务，也是高校文化育人的职责，充分关照思想政治教育和文化育人的内在一致，发挥文化育人的思想政治教育导向、激励功能，借助文化的桥梁和纽带，强化思想政治教育对社会主义意识形态的引领和价值管理的转化，重视思想政治教育的文化熏染、塑造功能，用文化温润人的内心、触及人的心灵，强化对社会主义意识形态的文化认同。

新时代需要以文化涵育促进思想政治教育文化性的回归。文化育人最根本的就是用文化的手段满足人的精神文化需求，提升人的思想文化素质。从国家层面看，文化越来越成为民族凝聚力和创造的重要源泉、越来越成为综合国力竞争的重要因素、越来越成为经济社会发展的重要支撑，丰富精神文化生活越来越成为我国人民的热切愿望。高校应更加把握时代脉搏，顺应时代潮流，用中国特色社会主义文化的力量更好引领社会思潮、凝聚社会共识。大学生正处在人生的“拔尖孕穗期”，对精神文化的需求最为旺盛，对教育活动的文化品位要求更高，新时代高校需要更加丰富思想政治教育内容的文化内涵、提高思想政治教育队伍的文化素养、提升思想政治教育方式的文化魅力、强化思想政治教育模式的文化特征，促进思想政治教育文化品位的进一步提升，更好满足大学生的精神文化需求，有效提升大学生思想政治教育质量。

三、以文化育：新时代高校思想政治教育发展的必然要求

习近平总书记指出，社会发展以人的发展为归宿，人的发展以精神文化为内核。培育时代新人，要遵循思想政治教育工作规律，遵循教书育人规律，遵循学生成长规律，充分关注人的精神文化发展，在运用文化力量浸润人、教化、引领人的过程中探究和把握思想政治教育新的规律。

思想政治教育发展需要坚持“以文化人”的正确政治方向。培育时代新人，最关键的是为谁培养人的问题，从时代新人主体性来讲是成为什么人的问题，从思想政治教育者主体看，就是教育的方向问题。培育时代新人，不能脱离时代发展实际，充分发挥文化熏染人、塑造人的力量，达到思想政治教育潜移默化、润物无声的效果。新时代需要更加重视培育人、塑造人的方向性。文化育人不能没有方向或者偏离方向，特别是在各种文化交流 交融交锋的全媒体新时代，各种思想文化对人们的影响更直接，各种思想对人们的价值观 念培育干扰更深刻，坚持以文化人、以文铸魂的正确方向更加重要。我国高等教育肩负着培养德智体美全面发展的社会主义事业建设者和接班人的重大任务，必须坚持正确的政治方向。新时代培育时代新人，就是要按照“高等教育为人民服务、为中国共产党治国理政服务、为巩固和发展中国特色社会主义制度服务、为改革开放和社会主义现代化建设服务”的“四为”服务方向，紧紧抓住高校立德树人根本任务的落实，把握大学生思想心理特征，用中华优秀传统文化夯实大学生的德行基础，用内涵丰富的革命文化和社会主义先进文化澄明前进方向、坚定人生信仰，不断强化习近平新时代中国特色社会主义文化的凝聚力和引领力，筑牢大学生抵御防范错误思潮侵袭的思想堤坝，以高品质的精神文化食粮满足学生、以格调高雅的精神文化环境滋润学生、以健康科学的精神文化引领学生，真正使学生成为党的事业的可靠接班人、国家兴旺发达的可用之才。

思想政治教育发展需要充分重视和激发大学生的文化主体意识。人的文化主体性调动是文化育人的关键。无视主体性的教育培养不出来具有强烈自

主意识、创造意识和超越意识的人。高校文化育人实践中，无论是教育主体还是教育客体，都是有意识、有目的的主体性存在。在文化育人过程中，教育客体也就是受教育者，能否按照自我意见、自我需要自主地选择和接受教育内容，是教育有效性的关键。重视人的主体性存在，就是对人的地位、作用、价值和意义重视。只有充分唤醒和激发作为育人客体和对象的青年学生的文化主体意识，实现客体主体化意识的有效转化，文化育人才能达到更好的效果。因此，培育时代新人，唤醒人的主体意识也是保证文化育人效果的关键。要把人的主体意识培养本身作为新时代高校文化育人的重要内容和目标，围绕学生、服务学生、关心学生、发展学生，充分研究和准确掌握学生的精神文化需求，丰富文化供给、提升文化质量、激发文化主体意识，鼓励学生学会观察，用心感悟，深入思考，以文化为资源和纽带激发学生的学习动力、提振学生的精神状态、改变学生的精神面貌，引导学生成为有知识、有思想、有文化的时代新人。

思想政治教育发展需要重视大学生文化素质的实践养成。实践是认识的来源，实践不仅创造了文化，而且也创造了人本身。文化教育必须与社会实践相结合，大学生文化素质的培育和养成不能停留在空洞的理论教育上，更要贯穿在学生成长和生活的实践中，重视在学生的文化实践体验感受中塑造人、感化人、提升人。人在实践中的文化感知和情感体验，可以支撑和强化教育的效果，产生心灵上的共鸣，从而促进人的价值判断的形成、文化素质的提升。高校培养时代新人，需要研究学生关心关注的焦点问题，把握他们喜闻乐见的接受方式，把文化教育实践与学生成长成才结合起来，在实践的文化熏陶、感染中，强化心灵共鸣、解决思想困惑、指引价值判断，调控价值选择。需要重视青年学生在文化实践中的情感体验，完善学生文化教育的实践参与体验机制，注重从文化实践内容、文化实践活动形式、文化实践活动载体和方法上贴近学生，结合当下时代热点和文化焦点，把握学生特点，尊重学生需求和兴趣，在学生全方位地参与体验中优化文化实践的构成要素、调控文化实践环节，把握学生文化教育实践的关键要求，全面提升以文化人、以文育人的效果。习近平新时代中国特色社会主义文化是涵养大学生道德品性的文化基础，也是滋养大学生精神灵魂、引领大学生政治方向的精神财富。需要引导学生的精神文化需求与新时代中国特色社会主义文化发展相契合，使满足他们的成长发展期待与推动解决时代问题、促进社会发展相适应。需要通过广泛开展文明校园创建，开展形式多样、健康向上、格调高雅的校园文化活动、广泛开展各类社会实践，不断探索和创新文化育人、以文化人的方法 和途径，真正实现在润物细无声中以文化人，使社会主义核心价值观的影响像空气一样无所不在、无时不有，成为青年学生日用而不觉的行为准则和最核心最深沉的文化素质基因。

第三章　高校文化育人的理论依据

高校文化育人具有充分的时代依据，但是新时代高校文化育人是否可能，还要从理论上找到根据。文化育人在理论上是否可能？是新时代高校文化育人的基本理论前提。马克思恩格斯有关文化育人的思想原则、中国共产党主要领导人有关文化育人的思想观点，特别是习近平新时代中国特色社会主义思想中包含的有关文化育人重要论述，阐明了文化为何可以育人、以何种文化育人，以及如何用文化育人的基本原理，为新时代高校文化育人提供了理论依据。

第一节　马克思恩格斯关于文化育人的思想

马克思恩格斯从社会整体性视域下分析了社会精神文化的生产与发展，认为耕种文化具有鲜明的意识形态属性，正是这种具有意识形态性的精神文化才能内化为人们具有鲜明实践倾向的精神力量，“在物的依赖性”条件下的文化教育就是一种“对绝大数人来说是把人训练成机器” 的教育。马克思恩格斯提出，文化源自生活、反映着人的现实生活。文化教育要与社会实践生活相结合，不能脱离人的实际生活。马克思恩格斯指出，由于先进文化可以发挥社会变革的理论先导作用，文化育人就是要把这种先进的精神文化当作批判的武器、人类解放的头脑，转化为群众推动社会变革的物质力量。列宁继承和发展了马克思恩格斯关于文化教育的思想，把马克思恩格斯关于文化教育的意识形态属性、文化教育与社会生活相结合，以及用先进的社会精神文化教育人等思想更加具体化，创造性地运用到苏维埃国家的建设中。马克思恩格斯和列宁有关文化育人的基本原理，是新时代高校文化育人最基本的理论依据。

一、文化育人具有鲜明的意识形态属性

马克思恩格斯在其著作中没有对意识形态的概念进行明确的界定。根据胡海波等学者的研究，马克思恩格斯至少在两种意义上提出了文化的意识形态属性：一是把意识形态指称为虚假的意识，这是从否定性意义上理解意识形态的，如马克思把当时的德国唯心主义哲学称作“德意志意识形态”。二是把意识形态看作是反映社会存在的观念思想体系。如马克思把意识形态看成“人类史的一个方面”“统治阶级的思想”“观念的上层建筑”等。文化的意识形态性决定了文化育人的意识形态属性。意识形态是社会整体的重要组成。它的存在和发展取决于经济基础，同时对其所依存的经济基础和生产关系、社会关系具有能动的反作用，这种反作用是表征一定阶级的意愿的、体现一定阶级的意识形态的。其次，作为意识形态的社会精神文化具有外观上的独立性。人们的现实生活构成文化意识形态性的实践基础，人们的物质生活和实践条件限制和制约着文化意识形态，但具有意识形态性的社会精神文化又遵循其自身产生发展的内在逻辑，具有相对独立的形式外观，并对人们的现实生活产生独立的强大的反作用。“维护阶级社会”是文化的意识形态性的主要体现。对立阶级的产生和发展是阶级社会的前提，也是阶级社会精神文化具有意识形态的基础。统治阶级的精神力量在社会上占据着统治地位，社会的精神生产资料也受统治阶级决定和支配，那些没有精神生产资料的人的思想，一般是隶属于这个阶级的 。阶级社会的文化教育是对统治阶级意识形态的价值观教育的体现和表征，阶级的意识形态只能是统治阶级的意识形态，文化育人体现为一种维护统治阶级的意识而表现出来的文化传播和价值塑造的实践活动。列宁发展了马克思恩格斯关于文化意识形态的思想，指出文化育人要“讲政治、问政治”。列宁对资本主义的教育进行了深入分析、开展了深刻的批判，同时也特别强调教育必须与政治结合，必须坚持教育的正确政治方向。列宁首先对资产阶级教育在政治问题上的虚伪欺骗性进行了批判，同时强调我们的教育不能被资产阶级欺骗遮蔽。他强调，“教育不讲政治”“教育不问政治”，都是资产阶级欺骗虚伪的说法，在资本主义社会，机构愈重要就愈不能摆脱资本和资本的政治。社会主义的文化教育中要深刻认识到，尽管资产阶级不承认教育同政治的联系，但事实上一切资产阶级的教育都同政治机构有非常密切的联系，我们的教育工作不能抱着教育不问政治的旧观点，不能让教育工作不联系政治。列宁指出文化育人工作必须贯穿党的思想，

用党的精神激励人。教育应该贯彻党的精神，用共产主义精神教育团结工人群众，使他们关心共产党员所做的事情。教育的任务就是通过教育克服人们的旧思想旧习气，激励群众接受党的领导，列宁认为文化育人的重要职责是教育群众懂得政治。列宁认为群众不识字是不能理解政治的，也谈不上政治教育，因此要加强扫盲工作，通过教会群众识字使他们理解政治。“流言蜚语、谎话偏见”主要是不识字造成的，不识字也无益于政治，“文盲是处在政治之外的”。

二、文化育人要与社会实践生活相联系

马克思文化观的一个重要原则和立场就是认为文化根源于生活。一定社会的物质生活生产方式决定精神生活方式，社会存在决定人们的意识。不是意识决定生活，而是生活决定意识。马克思恩格斯指出，思想、观念、意识等文化现象一开始就是社会生活的产物。就其根源性而言，由于物质交往的需要，产生了思想、观念、意识等文化现象；就其内容而言，人的意识是人的社会生活的反映，意识在任何时候都只能是被意识到了的存在，而人们的存在就是他们的实现生活过程。而且只要人们存在着，它就仍然是这种产物。马克思恩格斯认为，文化随着社会生活的变化而变化。物质生产和物质交往是社会生活的两个基本方面，二者的交互中产生了对象化和非对象化的辩证运动。人通过客体非对象化与主体对象化互为前提的社会生产生活活动不断享有和吸纳和传承对象（包括前人的活动成果），不断提振人的精神动力、增长人的精神文化水平，使人拥有了更加强大的本质力量改造客体。可见，人们的社会生活在改变着生活本身的同时“也改变着自己的思维和思维的产物”。马克思恩格斯提出，文化教育只能在社会生活领域得到科学的说明与确证。人的认识、意识和文化都是关于他们同自然界的关系，或者是关于他们之间的关系，或者是关于他们自己的肉体组织的观念，文化教育也都是人如何看待和处理人与自然、人与人、人与社会之间的关系中的“人化”与“化人”的统一，文化现象只能从人的物质活动和物质关系中阐明其发生根源，而文化教育也只能从人的社会生活领域找到答案。列宁把马克思恩格斯关于文化教育与社会生活相结合的思想创新运用到推动苏维埃国家建设发展的实践中，他特别反对单纯书本的学习和空头抽象的思想宣传，要求文化教育要与具体工作联系起来，与生产生活联系起来。列宁在批判资产阶级教育与实践脱节的基础上强调社会主义教育必须与实践结合。列宁批判了资产阶级的

教育是与实践脱节的，指出资本主义旧社会给我们最大的祸害之一就是书本与社会实践的完全脱节，现实中大半都令人厌恶的东西在书本中都成了完美的描述，书本“虚伪地向我们描述了资本主义社会的情景”。进而列宁指出，将理论与实践相结合是苏维埃国家正确的教育方法，只学习“共产主义著作、书本和小册子”里的东西，培养出的人很容易成为“共产主义的书呆子或吹牛家”。不按共产主义的要求行动，不懂把知识融会贯通，只懂得把书本知识背得烂熟，而会使我们的事业受到损害。他强调共产主义理论的学习不能简单地从书本得到，而必须同具体的工作和斗争相结合，“离开工作、离开斗争”，书本知识一文不值，知识和实践的脱节，正是资产阶级社会的一个最令人厌恶的特征。共产主义的论述，不能仅通过书本领会，这种做法是“极不正确的”。列宁强调，马克思主义教育必须与实践相结合。在列宁看来，俄国思想文化落后的根源在于宗教和教会宣扬的宗教唯心主义，必须用马克思主义的世界观同宗教世界观作斗争，而这种斗争不能停留在口头上，不能做抽象的思想宣传工作，必须与具体实践结合起来，要把这一斗争同目的在于消灭产生宗教的社会根源的阶级运动的具体实践联系起来。列宁特别指出，对青年的文化教育更要重视与生产劳动实践的结合。青年一代未来社会理想的教育必须和生产劳动相结合，教育教学同生产劳动脱节，不能培养出现代技术水平和科学知识现状所要求的人。要教会青年将文化知识与生产实践融会贯通，学习不能死记硬背，要通过对基本事实的理解来提升青年的思考能力，不能融会贯通的知识学习，共产主义就会变成空中楼阁，就会成为一块空招牌，共产主义者也只会是吹牛家。列宁提出，作为文化教育者的教师必须在实践中提高教育能力。教师要在人民群众的生活中更新知识，把教育同社会主义建设结合 起来。教师应该摘掉资产阶级的精神枷锁，从生活和知识层面摆脱资本的影响，把自己从狭窄的活动圈子里解放出来，同劳动群众打成一片。新教育学的任务是要把教师活动同建立社会主义社会的任务联系起来。

三、用先进的社会精神文化教育人

文化有先进文化和落后文化之分，马克思恩格斯认为只有用先进的文化培育人，才能转化为推动社会发展的精神力量。马克思恩格斯认为，社会精神文化是人的社会生活的一种映射和表征，社会精神文化在一定的物质条件下生成之后就有自身存在与发展的规律和逻辑，就具有相对的独立性。社会精神文化可以分为先进的文化与落后的文化，先进的文化顺应了社会发展趋势，体现了生产力发展的内在要求，是对新事物的肯定与主张；落后的文化是一种反映陈旧落后社会关系的腐朽文化，阻碍着社会生产力的发展，是对新事物的否定与对抗。社会精神文化通过传统和教育转化为个体人的思想和行动，内化为人的精神力量，成为人们“行为的真实动机和出发点”，正是用引导人们变革社会现实的先进文化教育影响人，人们才能用这种精神的、观念的文化演绎出人类历史发展的新场面。列宁对文化育人的阐述，是基于俄国当时的经济文化和群众的文化知识现状的，包括识字、文化水平、教育程度等。文化教育包含了学校教育、社会教育等多个方面，这种教育就是用科学技术、艺术、教育等方面的文化知识，尤其是马克思主义科学理论教育群众，包括教育工人、农民、士兵、青年团和所有走向共产主义的青年等，不断提高他们的识字能力、受教育程度和文化知识水平，提升其政治觉悟和纪律意识，培养共产主义道德。其实质是马克思主义指导的社会主义先进文化体系。列宁强调要加强对马克思主义科学理论的教育，因为马克思主义是“工人阶级运动的旗帜”，马克思主义“不是教条，而是行动指南”，是社会主义建设的根本法宝，提高群众的马克思主义观必须加强对群众的马克思主义教育。列宁认为，要加强对人民群众的科学文化知识教育，文盲和文化水平低下都不能建成社会主义，不仅要教会群众识字，还要提高群众的科学文化水平。劳动人民不但要识字，还要有文化，有觉悟，有学识，要教育人民群众克服旧文化的负面影响，树立先进的文化价值观念。列宁深刻认识到旧文化对人的负面影响，对陈旧的俄罗斯观点和半野蛮人的习惯的纵容是社会生活中一切不文明现象的主要根源，由于俄国生活的落后，不能够上升到马克思和恩格斯的辩证唯物主义。因此，用先进的文化、先进的价值观念教育人至关重要。列宁提出著名的“两种文化”理论，指出每一个现代民族中，都有两个民族。每个民族文化中，都有两种民族文化。就是说在一定社会中，既存在着统治阶级和被统治阶级，也存在着统治阶级和被统治阶级的文化，存在先进的文化和落后的文化。加强对人民群众的文化教育，就是用民族的先进文化教育和武装群众。要用共产主义道德文化教育培育和造就一代新人。俄共十八大通过的《关于党的建设问题的决议》提出，党内总的任务不是在数量上扩充党的队伍，而是改善它的质量，提高全体党员的觉悟，加强他们的共产主义教育。列宁认为，共产主义社会需要青年一代接力奋斗，青年一代不能做共产主义建设的旁观者，要“能够看到共产主义社会，也要亲手建设这个社会”，而且“应该成为千百万共产主义社会建设者的带头人”。因此，青年的共产主义道德水平提高至关重要，应该使培养、教育和训练现代青年的全部事业，成为培养青年的共产主义道德的事业。列宁旗帜鲜明地指出，我应当指出，看来首先和理所当然的回答是：青年团和所有想走向共产主义的青年都应该学习共产主义。

第二节　毛泽东关于文化育人的思想

毛泽东作为中国共产党的伟大领袖，是结合中国实际灵活运用马克思主义的基本原则的典范，其关于文化的定义及其论述都是经典的。他提倡用中国传统文化和外来优秀文化成果教育人，遵循文化发展方向发挥文化能动性影响人，提出坚持党对文化教育的领导，重视中国历史文化教育，重视发挥文化的能动性教育人等思想观点，为新时代高校文化育人提供了丰富的理论支撑。

一、思想和政治是统帅是灵魂

毛泽东从中国国情出发，对意识形态问题进行了深入研究，对我国文化意识形态教育进行了卓越探索。强调思想文化教育的重要性，提出要处理好红与专、政治与业务的关系，旗帜鲜明地批判了不问政治的倾向，指出思想和政治是统帅，是灵魂。只要我们的思想工作和政治工作稍微一放松，经济工作和技术工作就一定走到邪路上去。强调掌握思想教育，是团结全党进行伟大政治斗争的中心环节。如果这个任务不解决党的一切政治任务是不能完成的。[①]毛泽东指出，文化教育要加强马克思主义和中国历史教育，要将学习马克思主义与中国传统文化结合起来，深入了解中国社会情况，重视马克思主义在中国语境的转化和表达，使之更具中国特性。毛泽东强调加强马克思主义理论教育要认真研读马列著作，并号召全党同志要形成统一的思想，认真读好书，特别是党内高级干部更应如此。毛泽东非常重视中国历史文化教育，强调只有对中国的历史和文化有科学的态度，才能深刻理解中国现实。

① 《毛泽东文集（第七卷）》，人民出版社1993年版，第351页。

认为中国革命遭受失败和挫折的主要原因是当时我们幼小的党不了解国情，对中国的历史状况和社会状况、中国革命的特点、中国革命的规律不了解。因此，学习中国历史，了解和掌握中国国情，是共产党员的责任，全党同志要学会用马列主义的观点、立场和方法研究中国社会，解决中国问题。毛泽东强调文化教育要与劳动生产相结合，坚持教育为革命战争和阶级斗争服务，用共产主义精神教育广大劳苦民众，使广大中国民众都成为享受文明幸福的人。毛泽东强调文化教育方法的选择和应用，认为讨论、批判和说服教育是解决思想问题的可行有效的方法，思想问题不能用强硬的手段去解决。企图用行政命令的方法、用强制的方法解决思想问题、是非问题，不但没有效力，而且是有害的。为了更好地加强对人民大众的思想教育，教育者首先要先接受教育。对马克思主义的学习是永无止境的，即使是对马克思主义研究比较深入的人，也要不断学习，就算是无产阶级立场和意志比较坚定的人，同样也要加强对马克思主义理论的学习。只有把头脑中不恰当不适合的东西去掉，使新事物充实头脑，才能担负起研究新问题和教育别人的任务。

二、用传统文化和外来文化中的优秀成果教育人

毛泽东提出坚持批判地继承和吸收中国的文化遗产和外来文化。他指出，中国的文化遗产中有人民的东西，即封建的文化中也有进步的东西，要善于进行分析，充分地批判利用。毛泽东也反对抄袭西方的文化，他强调各国有自己的民族特点和特殊情况，盲目抄袭千篇一律就没人欣赏，要做到“古为今用、洋为中用”。毛泽东既反对全盘肯定也反对全盘否定，极力倡导“古为今用”“推陈出新”。他非常重视对传统文化的历史性传承，认为新文化建设如果离开传统文化的继承，就会变成无源之水、无本之木，必须充分尊重和继承历史，从孔夫子到孙中山，我们应当给以总结，继承这一份珍贵的遗产。对传统文化不能不加批判地继承，要去其糟粕、吸其精华。在对待西方文化的态度上，毛泽东强调文化是民族性和世界性的统一，主张秉持文化开放态度，要批判地吸收、借鉴西方先进文化。指出文化是民族的，具有民族特性，但并不排斥文化的多样性与世界性，任何一个过程都是在矛盾着的两个侧面互相联系和斗争中得到发展的，形而上学的思想方法只能让人故步自封、骄傲自满，中国应该大量吸收外国的进步文化，作为自己文化食粮的原料。毛泽东批判了“全盘西化”“形式主义吸收”等错误观点，认为学习西方先进文化必须立足中国实际，要在保持民族文化风格和特色的基础上，吸收借鉴外

国文化的长处和优点，只有批判和丢弃外国文化中的糟粕，有益的东西才能被我们吸收，“决不能生吞活剥地毫无批判地吸收”。

三、坚持党的领导发挥文化能动性教育人

文化教育必须坚持党对文化和意识形态的领导。毛泽东指出，由于现时的革命必须由中国的无产阶级领导，因而也只能由中国的无产阶级领导中国的新文化，社会主义新文化只能由无产阶级的文化思想领导，也就是由共产主义思想领导社会主义新文化，任何别的阶级文化都是不能领导了的。这是保证新文化先进性的必然选择和根本要求。必须把马克思主义作为思想基础贯穿在社会主义文化建设和文化发展的全过程。毛泽东指出文化教育需要以“百花齐放、百家争鸣”的文化供给和文化氛围培育人。“双百”方针是毛泽东根据文化发展规律和我国文化发展实践提出的科学结论，体现了社会主义文化发展的多样性和多层次性，为促进社会主义文化发展繁荣提供了根本方法，也为新时代高校文化育人提供了根本指导。毛泽东指出，百花齐放、百家争鸣的方针，是促进艺术发展和科学进步的方针，是促进我国社会主义文化繁荣的方针。他强调，人的问题首先是思　想问题，而解决思想问题是一项长期、耐心、细致的工作，必须把“百花齐放、百家争鸣”作为做好一切工作的方法，通过各种意见的辩论，促进真理的发展。毛泽东指出文化教育要用“民族的、科学的、大众的”文化塑造人。他反复强调中国新文化必须在内容和形式上都体现本民族的特点，反对封建迷信，主张用实事求是的科学态度塑造人。在文化教育过程中要重视人民大众的情感和思想，我们的文艺工作者的思想感情和工农兵大众的思想感情打成一片；重视贴近人民大众的现实生活，教育工作者和文化工作者要去接近工农兵群众，去参加工农兵群众的实际斗争，去表现工农兵群众，去教育工农兵群众。要重视社会主义新文化的转化和对人的塑造效果，重视推动社会主义新文化的大众化转化和渗透，在为人民大众服务中用文化影响人、转化人，使社会主义新文化成为广大劳苦大众的文化。要将文化普及和文化提高工作有效结合，满足不同层次人的文化需求，提高人的文化素质。毛泽东强调文化教育要高度重视文化的相对独立性及能动反作用性。毛泽东认为文化具有能动的反作用，必须在工作中予以高度关注和重视。在《新民主主义论》中，毛泽东从社会存在决定社会意识的观点出发，提出一定的文化（当作观念形态的文化）是一定社会的政治和经济的反映，又给予伟大影响和作用于一定社会的政治和经济；

而经济是基础，政治则是经济的集中的表现。这是我们对于文化和政治、经济的关系及政治和经济的关系的基本观点。那一定形态的政治和经济是首先决定那一定形态的文化的；然后，那一定形态的文化又给予影响和作用于一定形态的政治和经济。毛泽东关于文化的定义，不仅关照到文化外显出的人类精神方面的创造性成果，也洞察到内隐于文化背后的物质动因以及文化深层次的制度、模式、结构。在这里，毛泽东也充分肯定了文化的相对独立性以及能动的反作用性，深刻指出文化能够给予一定社会的政治和经济以伟大的作用和影响。他要求不能忽视文化的能动性和反作用性，各项工作的开展中都要重视文化的推动和促进作用，促进人的素质提升。如果不发展文化，我们的经济、政治、军事都要受到阻碍。毛泽东还强调文化的二重属性，即文化具有积极的成分和反对的成分，有其积极性作用也有其反动性作用，主张革除文化中的反动成分，发挥文化的积极作用教育人。

第三节　邓小平、江泽民、胡锦涛关于文化育人的思想

邓小平等中国特色社会主义建设不同历史时期的中国共产党主要领导人灵活借鉴运用和发展了马克思恩格斯的文化教育思想原则，一脉继承发展了毛泽东关于文化育人的思想观点，在新的实践基础上提出了文化教育的新思想新观点，阐明了文化教育的原理内容方法，为新时代高校文化育人奠定了坚实的理论基础。

一、关于文化培育什么人的思想

文化育人要培养社会主义“四有”新人。邓小平反复强调，社会主义现代化是一个复杂的系统工程，社会主义现代化建设能否取得成功，关键在于人。中国的事情要办好，社会主义现代化建设和改革开放，经济的发展和国家的长治久安，从一定意义上说，关键在人。[①]

邓小平强调，要通过教育提高人的思想文化素质，认为只有抓好了教育，才是工作重心的全面转移。只有教育搞上去，才会有人才资源的优势。提高

①《邓小平文选（第3卷）》，人民出版社1993年版，第380页。

劳动者素质和培养现代化建设专门人才，是教育的重要任务。国家发展的后劲取决于劳动者的素质，也取决于知识分子的数量和质量，只有培养出数以亿计的各级各类专门人才，才能促进科技进步经济腾飞，国家才能摆脱落后。教育是社会主义精神文明建设的重要途径，也是提高人民群众思想道德水平的基础性工程，加强法制重要的是要进行教育，根本问题是教育人。民主法治与人的思想文化素质密切相关，提高人民群众的思想文化素质要依靠教育，增强民族的精神支柱和精神动力也要依靠教育。邓小平提出要通过文化教育培养“四有”新人。培育“有理想、有道德、有文化、有纪律”的公民，是社会主义精神文明建设的根本任务。十一届三中全会以后，邓小平又在此基础上，进一步提出培育“四有”新人的目标。“四个有”是对社会主义新人思想道德素质和科学文化素质的要求。培育“四有”新人，需要用共同理想和坚定信念凝聚人，用社会主义道德武装人，用不断发展的科学文化事业感召人，提高人的精神境界，促进人的全面发展。邓小平提出，文化教育要坚持“三个面向”。教育要“面向现代化、面向世界、面向未来”，是邓小平教育理论体系中最具时代性和前瞻性的思想理论，体现了对中国特色社会主义教育要求和规律的新认识，也为当代中国文化教育发展提供了依据。教育要面向现代化，体现了教育的根本立场，要求教育着眼现代化建设需要，围绕现代化建设服务，推动现代化建设发展。教育要面向世界，是教育开放性特征的体现，要求教育善于、勇于吸收和借鉴一切人类文明成果，反映和体现人类文明的最新发展要求，造就世界一流的优秀人才。教育要面向未来，是教育的发展性特征的体现，要求必须有超前的战略的眼光办好教育，用战略思维培养新人；教育面向未来，提高育人育才的能力，也要求教育者不断学习不断提高，更好地培养社会主义时代新人。

文化育人要培育善学习讲政治有浩然之气的人。讲学习、讲政治、讲正气的“三讲”教育是江泽民文化育人思想的重要内容，“三讲”中，学习是基础，政治是关键，只有学习好、政治强，正气才能伸张。江泽民认为，学校的一次性教育不能满足知识更新的需要，社会发展必然要求终身学习，只有不断学习才能不断进步，不断适应社会发展的需要。江泽民指出我们国家和民族自古以来就重视学习，自我改造也是一种重要的学习，学习不能装装门面就行了，要用科学精神武装自己，使自己的精神境界高起来。要掌握学习的方法、教育的方法，加强对马克思主义的学习，及时总结实践中创造的新经验新认识，有力回答重大思想理论问题，善于运用马克思主义观点同各种错误观点作斗争，帮助广大群众树立正确的思想理论认识。强调要深入细致地加强理想信念教育，把理想信念教育作为思想政治工作的核心内容，消除人们对马克思主义科学真理的疑惑，增强人们对社会主义事业的信心，消除人们的思想空虚、精神萎靡的问题。要坚定青年学生的政治方向，教育要与生产劳动相结合，促进青年学生的健康成长和全面发展，培养青年学生的人民感情。江泽民提出，任何时候都要坚持讲政治，对于事关政治方向和政治原则的问题，要态度鲜明、毫不含糊，坚持党的领导不能有丝毫含糊，任何人都不能用党的某些失误作为削弱、摆脱甚至破坏党的领导的理由，要态度鲜明地坚决维护中央领导的权威。社会主义现代化建设是我们当前最大的政治，讲政治不是简单重复一些政治口号，不是搞空头政治，讲政治要同经济和业务结合在一起，保证各项工作的正确方向。我们所讲的政治，不是别的什么政治，而是马克思主义的政治，是建设有中国特色社会主义的政治，要通过讲政治动员鼓舞和团结人民，通过讲政治处理各种矛盾和利益关系，通过讲政治增进与人民群众的感情和联系，提高工作能力。强调要加强形势教育，引导干部群众运用正确的思维方式观察形势、认识形势，只有这样，才能防止人们遇到困难悲观失望，把形势看得一无是处、一团漆黑，或者盲目乐观、盲目自信。江泽民指出，讲正气是中华民族的优良传统，也是我们党的优良传统。一个人有了正气，有了正义感，有了浩然之气，才能无所畏惧、不屈不挠地为国家、为社会建功立业。有了全心全意为人民服务这种最大的正气，以权谋私和拜金主义、享乐主义、极端个人主义的邪气就滋长不起来，要加强人格再塑和文化氛围建设，帮助人们形成新的价值观念和行为规范体系，尽快适应新生活。

文化育人要培育明是非知荣辱的人。胡锦涛提出，社会主义核心价值体系是兴国之魂，决定着中国特色社会主义发展方向，要把社会主义核心价值体系教育与培育社会文明风尚结合。胡锦涛指出，社会风气是社会文明程度的重要体现，坚持什么、反对什么、倡导什么、抵制什么，都必须旗帜鲜明。胡锦涛提出“要把社会主义核心价值体系作为长期的战略任务和现实的紧迫任务抓实抓紧抓好”。把社会主义核心价值体系贯穿落实到媒体传播和文化产品创作中，融入国民教育和精神文明建设全过程，融会到政策法规制定中，融入人们日常生活中，体现到社会治理之中，将其内化为人民的自觉追求。人力资源是社会的第一资源，教育是开发人力资源的重要途径，把全面提高国民素质作为教育的重要着眼点，尊重个性、尊重规律，把人人可以成才的观念贯穿教育全过程。要树立以质量为核心的教育发展观，坚持规模和质量统一基础上的内涵发展，把适应社会需要、促进人的全面发展作为教育质量的根本标准。再次，社会主义核心价值体系教育要重视网络空间的利用。胡锦涛指出，数字技术和网络技术的广泛应用，深刻影响着人的生活，互联网已成为意识形态较量的重要战场。网络传播无国界，但有天然的落脚点，人们对互联网的认知远不如未知，必须占领文化传播制高点，掌握思想引领主动权，积极发展中国特色网络文化，使互联网成为传播社会主义先进文化的前沿阵地，促进人们精神文化生活健康发展的广阔空间。

二、关于用何种文化育人的思想

文化育人要重视用中华民族的历史文化教育人。在改革开放初期，邓小平就把用历史教育人民作为一项战略任务提出来，指出要了解自己的历史，“用历史教育青年，教育人民”。要通过历史教育使人们明白为什么要走社会主义道路。邓小平指出，过去对人民的文化历史教育比较少，在国情教育方面还存在失误，既没有讲清楚中国是怎样的国家，也没有讲清楚未来中国将发展成怎样的国家。教育人们了解中国历史，可以增强发展的精神动力，要把近代以来中国的屈辱和艰难斗争历史讲清楚，把社会主义道路是历史的选择、人民的选择讲清楚，把中国人为什么成了“东亚病夫”讲明白，把为什么近一个世纪中国有识之士都在寻找中国的出路却又都失败讲透彻，使人们更加明白，如果不选择和坚持社会主义道路，中国的混乱状态就不能结束，贫困落后的状态就不能改变。要用中国文化历史教育人民对社会主义前途充满信心。邓小平提出，教育要服务于中华民族伟大复兴和我国社会主义事业的兴旺发达，要把教育置于民族利益和社会主义前途这个大目标的格局中，讲清历史传统、特殊国情和发展目标。他反复强调，社会主义道路是中国人民从“五四运动”以来到现在以及被实践证明是正确的道路，这是不可动摇的科学结论，这条道路来之不易，是几十年流血牺牲换来的，我们要沿着这条道路毫不动摇地走到底。在改革开放新形势下，要把什么叫社会主义、怎样建设社会主义和发展社会主义搞清楚。如何发扬革命传统，进行理想、纪律、世界观、人生观的教育，怎样用我国的历史教育青年一代，在生活水平提高的情况下，怎样进行艰苦奋斗和艰苦朴素教育等，都是德育工作需要解决的问题。针对20世纪80年代末90年代初西方敌对势力的“西化”“分化”和腐朽思想的渗透，一些人对社会主义前途失去信心，邓小平着重提出要加强教育，再造当代民族精神，坚定不移走社会主义道路再次，用中国文化历史教育，要覆盖整个国民教育体系。邓小平认为，进行中国文化历史教育，不仅要在大学进行，而且要纳入中学，要对全体国民都进行教育。邓小平总结过去教育的失误，认为缺少国情教育不仅是对学校、对青年学生，而是泛指对人民的教育，抓教育是有战略眼光的，中央要全力抓教育，付出更大的努力，从中小学抓起，如果现在不向全党提出这样的任务，就会误大事，就要负历史的 责任。

文化育人要用社会主义先进文化教育人。江泽民认为，我国社会主义的先进文化，是马克思列宁主义、毛泽东思想指导下的科学文化，是立足本国继承和汲取了我国优秀传统文化养分及世界文明优秀成果的文化。强调当代中国，先进文化不是别的什么文化，也不同于以往任何形态的文化，是中国特色社会主义的文化；发展中国的先进文化，“就是发展中国特色社会主义文化，就是建设社会主义精神文明”。先进文化在当代中国是同中国特色社会主义文化和社会主义精神文明一致的。改革开放带来的经济快速发展和社会巨大进步，使人们思想的独立性、差异性增强，市场经济反映到人们的关系上来，容易诱发自由主义、拜金主义和享乐主义、利己主义。社会存在发展的变化必然引起人们思想意识的相应变化，而这些问题，需要不断发展社会先进文化，发展新型的人际关系，创造良好的社会风尚加以引导和消除。江泽民指出，要弘扬和培育民族精神，中国人历来是讲民族气节的，爱国主义在不同阶段、不同时期具有不同的具体内容，维护和发展社会主义民主，是爱国主义的重要体现。先进文化体现着民族精神，民族精神是民族的灵魂，先进文化蕴含着强大的号召力、吸引力和凝聚力，是一个国家综合国力强弱的重要尺度。文化的力量，深深熔铸在民族的生命力、创造力和凝聚力之中，要大力弘扬和培育民族精神，使全体人民始终保持昂扬向上的精神状态。改革开放以来，人们的精神生活有了新发展，人们的欣赏水平、接受信息、休闲娱乐的方式发生了新变化，要用生动活泼、群众乐见的方式疏导群众情绪，提高精神境界。江泽民提出，教育要大力弘扬科学精神和创新精神。劳动者的素质和科技创新能力成为国际竞争力的重要因素，教育是培育创新精神和创新人才的重要摇篮，也是创新、传播和应用知识的主要基地，在增强民族凝聚力方面教育具有重大作用。思想政治素质是最重要的素质，思想政治教育、历史知识教育和人格培养影响人一生的轨迹，要保护学生的探索精神、创新思维，善于开发学生的创造品质。教师要教好书的同时育好人，坚持教育者先受教育，为学生营造一个安静、和谐、健康的学习环境。

文化育人要用社会主义和谐文化凝聚人。胡锦涛认为，让人民享有健康丰富的精神文化生活，是社会主义和谐社会的重要内容，建设社会主义和谐社会，必须加强和谐文化建设。社会主义和谐文化是社会主义和谐社会的重要组成，也是丰富人的精神世界，改变人的精神状态的重要力量。只有加强和谐文化建设，用社会主义和谐文化引领人、凝聚人，才能培育奋发进取、理性平和、开放包容的社会形态。只有用社会主义和谐文化团结人、感召人，才能形成修身律己、尊老爱幼、勤勉做事、平实做人的良好心态。只有用社会主义和谐文化鼓舞人、激励人，才能形成我为人人、人人为我的社会氛围。胡锦涛指出，只有建设和谐文化，才能妥善处理人民思想文化领域的现实问题。新时期多层次、多方面、多样化的人民群众文化消费特征更加明显，人民有更加强烈的求知、求乐、求美愿望，公民、民主、权利等意识不断增强，加强社会管理、维护社会稳定是构建社会主义核心社会的必然要求。加强社会管理，必须以和谐文化为指导，最大限度增进和谐因素，最大限度减少不和谐因素。社会管理说到底是对人的管理和服务，要坚持问政于民、问需于民、问计于民，深入了解民情，充分反映民意，广泛集中民智，切实珍惜民力，尊重群众、贴近群众、依靠群众，更加重视人文关怀和心理疏导，妥善处理好人民思想文化领域的现实问题，尊重文化差异、包容文化多样，最大限度增进社会认同，引导人们为祖国和人民奋斗中实现自身价值。

三、关于如何用文化育人的思想

文化育人要加强爱国主义教育。爱国主义体现了人民对自己祖国和人民的深厚感情，既是广大人民群众的精神寄托和体现，也深刻表征着当代中国的先进文化。邓小平指出，祖国不是抽象的，爱国主义是具体的，是历史性和时代性的统一，爱国主义与拥护社会主义在当代中国本质上是一致的。爱国主义与中国特色社会主义相互联系、互相促进，共同激励和指引着中华儿女为实现祖国统一、民族振兴而不懈奋斗。爱国主义和社会主义的统一具有内在的逻辑一致。马克思主义与中国实际的结合，使中国在自己的土壤上找到了属于自己并且适合自己的发展道路，这条中国特色社会主义道路，我们越走越广阔，让国家更繁荣、人民更富裕更幸福。祖国是具体的，只有热爱中国共产党领导的社会主义新中国，才是真正的爱国。因此，要教育人旗帜鲜明地驳斥“不爱社会主义不等于不爱国”的错误思想言论，把对祖国的深深地爱体现在自己拥护中国共产党领导，拥护中国特色社会主义的行动上来。邓小平提出，爱国主义关键是增强民族自尊心和自信心。针对鸦片战争以来中国部分民众中存在的民族自卑心理，邓小平一针见血地指出，帝国主义、封建主义长期以来对中国人民的压迫，磨灭了一些人的自尊心，使我们民族的智慧和聪明被遮蔽和忽视了，有人看不起自己，总觉得扁鼻子不如高鼻子，总觉得勤劳的中国人不如外国人。必须教育人民克服这种自卑心理，充分发挥人的积极性、创造性和自觉性，树立起强大的自尊心和爱国心。针对改革开放以来一些青年人中存在的认为外国的月亮比中国的圆的洋奴现象，邓小平强调，只有教育人们树立民族自尊心、自信心，才能从容地投身社会主义建设，否则我们就不可能建设社会主义。邓小平强调，爱国主义教育要落在社会主义建设的实际行动上。在邓小平看来，只有坚持社会主义，坚持改革开放，把爱国主义情感转化为建设社会主义的行动，促进经济发展，不断改善人民生活，才是真正的爱国。

用党思想上的旗帜感召凝聚人。江泽民提出，中国共产党应成为中国先进文化前进方向的忠实代表。将中国共产党的生存、发展与中国先进文化的生存发展联系起来，阐释了中国共产党的先进性质。文化育人要用党思想上的旗帜感召人。先进文化是一个政党的灵魂、形象和标志，先进文化影响人的精神和灵魂，先进文化反映着一个政党的精神信念和前进方向。江泽民在庆祝中国共产党成立八十周年大会上的讲话中指出，坚持什么样的文化方向，推动建设什么样的文化，是一个政党在思想上和精神上的一面旗帜。把文化问题提高到党的指导思想的战略高度，深刻回答了党要建设什么样文化的问题。旗帜代表形象，旗帜引领方向，中国共产党代表先进文化的前进方向，为人们竖起了一面鲜明的思想旗帜，引导人们积极向上，增添了追求美好生活的精神动力，激励人们在社会主义现代化建设中奋勇向前。江泽民强调，文化育人要用党的先进性凝聚人。马克思主义是抵御各种腐朽没落思想文化的强大武器，也是先进文化的灵魂和指南。坚持以马克思主义为指导，始终代表先进生产力发展要求，始终代表中国先进文化的前进方向，始终代表中国最广大人民群众的根本利益，是中国共产党先进性的根本体现。文化的交流交融交锋成为国际竞争的重要方面，一个国家能否在国际竞争中立于不败之地，既取决于其经济实力，也取决于其文化软实力。中国改革开放以来的重大实践探索成果和检验需要上升为理论、转化为人类社会发展的精神文明成果，与此同时，在经济发展中一些金钱崇拜思想和西方腐朽思想也在影响着人们的思想文化心理和价值观，这些问题的解决，只能在党的领导下逐步解决。从党的自身建设来看，党内存在的个别贪污腐化、思想滑坡等现象的解决，除了需要用政治的手段解决，更重要的还是要通过思想教育和文化的手段解决。文化蕴含着凝聚力向心力，中国共产党的凝聚力决定了整个国家和民族的凝聚力。不断发展中国特色社会主义文化是“我们党始终站在时代前列，保持先进性的根本体现和根本要求”。只有不断加强党的自身建设，使党始终在文化等方面保持先进性，以党的先进性提振民族精神、促进民族团结，才能更好实现社会进步和人民幸福。江泽民提出，文化育人要用党的与时俱进品质感化人。江泽民发展了马克思主义关于无产阶级政党先进性的思想，把无产阶级政党的先进性从政治标准、经济标准拓展到文化标准。一个政党的先进性，不仅在于其阶级基础的先进，更在于其文化根基和精神理念的先进。我们党要满足人民群众日益增长的文化生活需要，代表着先进文化的前进方向，体现了与时俱进的先进性品质。党在历史上遇到挫折，根本的是因为在指导思想和文化上出现了失误。我们党要代表先进生产力发展要求，判断生产力是否具有先进性，离不开文化精神。先进文化为先进生产力发展提供思想指导、智力支持，只有用科学精神、人文精神、创新精神指导下的先进生产力，才能理解为中国先进生产力。我们党代表最广大人民群众的根本利益，是我们党的人文精神的集中反映。为什么人、依靠什么人的问题是党的文化精神上的最高体现，也反映了党与群众关系上的与时俱进，所有党员干部必须真正代表人民掌好权、用好权，绝不允许以权谋私，绝不允许形成既得利益集团。只有心系群众诉求意愿，倾听群众时代呼声，满足群众现实需求，始终坚持党的群众路线，才能更好地团结群众、凝聚群众。

文化育人要用优秀文化创作感化人。胡锦涛指出，物质贫乏不是社会主义，精神空虚也不是社会主义。必须大力推进文化创新，以更加丰富的精神文化创作满足人民。 优秀文化创作要切合群众的接受心理和习惯。实现人的自由而全面发展是马克思主义关于人类社会进步的最高价值追求。要深入研究新形势下群众接受心理特点和接受习惯，坚持马克思主义与时俱进的理论品质，从群众关注点和兴奋点切入，把握好时机、节奏和力度，深入浅出回答群众普遍关心的问题，更好析事明理、解疑释惑把握文化创作正确导向的自觉性，提高文化舆论引导的有效性。文化育人要把更多更好的精神食粮奉献给人民。胡锦涛指出，要反映中国人民时代面貌、历史性变化和现实生活的文化产品，把更多更好的精神食粮奉献给人民。要围绕解决制约文化发展的深层次矛盾问题，着力深化文化体制改革，努力形成有利于出精品、出人才、出效益的文化发展环境，构建统一开放竞争有序的文化市场体系，以更加丰富的文化产品和满意的文化服务占领市场、赢得群众。文化育人关键在于优秀文化创新。胡锦涛提出，文化是最需要创新的领域，文化的发展和繁荣，关键也在于创新，优秀文化创作体现着中国特色、风格和气派，具有鲜明的时代感和吸引力。要发挥好文化工作者的作用，大力推动社会主义文化内容形式、体制机制、传播手段创新，激发文化创新的内生动力，极大丰富文化产品的品种、样式，创新文化的载体、风格，充分运用先进技术手段丰富文化生产方式和文化的表现形式，让创新活力竞相迸发、创新才华充分施展，努力以更加丰富的精神文化产品满足更加多彩的社会生活。

第四节　习近平关于文化育人的重要论述

党的十八大以来，习近平总书记从实现民族复兴伟大梦想、建设社会主义现代化强国的战略全局，对文化为什么能够育人，文化育人具有什么特征，用什么样的文化育人，文化育人的目标是什么，以及文化育人的方法途径等进行了一系列的重要论述，形成了完整的文化育人思想体系，为新时代高校文化育人指明了前进方向、提供了根本遵循。

一、关于文化为什么能够育人的重要论述

习近平总书记指出，文化可以丰富人的精神力量，引领人的价值追求，提高人的精神境界。一是文化可以满足人的精神需求，丰富人的精神力量。文化作为人的实践的产物，人既是文化的主体，也是文化的目的。文化的内在本质就在于它的精神性。习近平总书记指出，“人，本质上就是文化的人，而不是‘物化’的人，是能动的、全面的人，而不是僵化的‘单向度’的人，人不仅要追求物质条件、经济指标，还追求‘幸福指数’；不仅追求自然生态的和谐，还追求‘精神生态’的和谐”。[①]没有精神人很难生存发展，没有精神一个国家也不可能强大，精神是人的支柱国家的灵魂，只有精神达到一定

① 习近平：《之江新语》，浙江人民出版社2007年版，第150页。

高度，这个民族才能奋勇向前，国家才能屹立不倒。习近平总书记特别重视文化对人民精神力量的塑造，强调人类社会与动物界的最大区别就是人是有精神需求的，人民对精神文化生活的需求时时刻刻都存在。[①]对于如何塑造人的精神世界，习近平总书记强调，中华优秀传统文化是我们深厚的文化软实力，是我们共有的文化基因，要通过中华优秀传统文化的创造性转化和创新性发展来立心铸魂、凝聚力量；也要通过无愧于时代的文艺创造来满足人民精神文化需求，丰富人们的精神力量。二是文化可以坚定人的理想信念，引领人的价值追求。每个时代都有每个时代的精神，每个时代都有每个时代的价值观。核心价值观承载着一个国家、一个民族的价值追求，评判着一个国家是非曲直的价值标准。中国人独特的精神世界和价值观，是我们区别于其他人的关键。中华文化源远流长，是海内外中华儿女共同的精神基因，是凝聚人心的理想信念。文以载道、文以化人，要认识今天的中国、今天的中国人就要深入了解中国的文化血脉，准确把握滋养中国人的文化土壤。我们党历来重视用先进文化引领先进青年方向，关注青年学生对精神文化生活的热情、期望。习近平总书记强调，理想指引人生方向，信念决定事业成败。时代的际遇和机缘要求青年谋划什么样的人生、创造什么样的历史，青年的价值观决定社会的未来走向，社会主义核心价值观指引青年人生航向。三是文化可以激发人的审美追求，提高人的审美境界。人的实践活动在改造客观世界的同时也在改造着主观世界。文化是美的载体，文化传递着美，美本质上是对人的价值和自由的肯定，人对真、善、美及其统一的追求，是永无止境的历史过程。人追求美的目标和过程，既依赖于人的实践和认识不断深化和扩展，也依赖于人对自己的本质需要和能力的自我认知、自我改造、自我丰富和发展。艺术能使人的灵魂经受洗礼，艺术美的最高境界是艺术能让人动心，能够启迪和激发人们自觉去发现自然的美、生活的美、心灵的美。艺术作品影响人、陶冶人、美化人，本质上是依靠艺术蕴含和表达的文化价值观熏陶人、鼓舞人、激励人，只有“发挥先进文化的凝聚、润滑、整合作用”，文艺作品才能更好反映中国人审美追求，展现中华审美风范，坚守文艺的审美理想。

二、关于文化育人特征的重要论述

习近平总书记强调要重视和把握好文化育人的隐蔽性、持久性、情感性。

① 《习近平谈治国理政（第2卷）》，外文出版社2017年版，第315页。

第一，文化育人具有“潜移默化”特性。“潜移默化”既是习近平总书记关于文化育人特点的阐述，也是对文化育人提出的要求。文化对人的影响和作用都是通过一定的形式和载体实现的，文化潜藏在形式、载体和活动之中，具有鲜明的隐蔽性特征。就教育而言，文化教育更体现在隐性教育方面，习近平总书记强调，要注重文化浸润、感染、熏陶，既要重视显性教育，也要重视潜移默化的隐形教育，实现入芝兰之室久而自芳的效果。文化育人的潜移默化，强调的是育人的温和性，是一种自然的流露和感化，是一种非对抗性的心灵触动；强调的是一种氛围和环境的熏染，使人用而不觉，化而无形；强调的是一种和风细雨，无意识地感化。文化育人就像蓝天上的阳光、春天里的清风，让人们处而心不惊，用而心 境明，在一种轻松愉悦的氛围中陶冶心智、温润心扉。第二，文化育人具有“历久弥新”特性。文化育人是一个持续影响的过程，文化育人也不是立竿见影就看到效果的，文化育人的效果显现也是一个持久和长期的。习近平总书记指出，我国优秀传统文化的思想价值穿透历史、跨越时空，“历久弥新” ，是人类共同的精神财富。这就是说，中华优秀传统文化既是历史的，也是当下的；既在历史上曾经光明闪耀，也在当下世界展现着智慧魅力，也必将在未来社会中焕发出璀璨光芒。文化作为一种精神和价值的传递，一旦在新的条件下形成并发展作用，就具有了鲜明的时代特征，具有持久的稳定性，具有强大的能动性。所以，民族的基因延续、血脉不断，本质上和这个民族的文化连续不断。第三，文化育人具有“以情动人”特性。文化是情感的载体，文化反映和体现着人的特定情感。习近平总书记指出，文化自信就是对自己民族的文化生命力、创造力充满信心，中华优秀传统文化是中华民族最深层次的精神追求，宣传思想工作、意识形态工作要凝聚人心、汇聚力量，新闻舆论工作要从群众口碑、社会共识上看效果，文艺创作要反映人民心声，人民群众对美好生活的向往就是我们的奋斗目标，以人民为中心是新时代坚持和发展中国特色社会主义的根本等等。这一系列重要论述，聚焦的都是人的情感和内心感受，强调的就是文化的情感因素。文化育人离开情感，冷冰冰地无视人的心理感受，就不能达到预期的效果，所谓吸引人、感染人、打动人，谈的都是文化的情感因素，有情感的育人，才是文化育人。只有回应人的情绪反应，触动人的心灵共鸣，才能使人受到文化的感染和渗透，才能达到耳濡目染、言传身教的效果。

三、关于文化育人目标的重要论述

习近平关于文化培育什么样的人的论述内涵丰富，强调要深入研究当代青年成长的新特点新规律，把准方向摸准脉搏，着力培育和践行社会主义核心价值观，造就担当民族复兴大任的时代新人。在2013年五四青年节之前为北京大学学生回信中，勉励青年勇做走在时代前面的奋进者开拓者奉献者，成为祖国建设的有用栋梁之材；同年，与青年代表座谈会谈话中，寄语青年要成为有坚定理想信念、掌握过硬本领、勇于创新创造、矢志艰苦奋斗的具有高尚品格的有梦追梦圆梦者。2014 年 5 月 4 日习近平在北京大学考察时强调，青年要树立和培育社会主义核心价值观，加强道德修养注重道德实践，知行合一，与祖国和人民同行努力创造精彩人生。2016 年 4 月 26 日在知识分子劳动模范青年代表座谈会上的讲话中提出，青年要有勇立潮头引领创新的品格、天下为公担当道义的情怀。2017 年在给第三届中国“互联网+”大学生创新创业大赛“青年红色筑梦之旅”的大学生回信中，希望青年扎根中国大地了解国情民情，在创新创业中增长智慧才干，在艰苦奋斗中锤炼意志品质，用青春书写人生精彩华章。2018 年在北京大学师生座谈会上的讲话中指出，广大青年应该在奋斗在释放青春激情、追逐青春理想，以青春之我、奋斗之我，为民族复兴和祖国建设铺路架桥、添砖加瓦。在2019年纪念“五四运动”一百周年大会上的讲话中，指出新时代中国青年要树立远大理想、热爱伟大祖国、担当时代责任，勇于砥砺奋斗、练就过硬本领、锤炼品德修为，始终做中华民族伟大复兴的先锋力量。

四、关于用什么文化育人的重要论述

习近平总书记对用于育人的先进文化在不同的场合进行了不同的论述，内涵非常丰富。其一，用中华民族创造的一切精神财富育人。习近平总书记指出，文化是国家的灵魂、民族的灵魂，没有高度的文化自信，就没有国家的昌盛、民族的复兴。我们国家有独特的文化传统，中华优秀传统文化是我们的根和魂，也是我们生存和发展的根基，传统文化中蕴藏着思想理念和精神规范，蕴藏着解决发展现实难题的启示，可以为人们的认识和实践提供启迪，为人们的思想道德建设和精神文化发展提供有益启发。中华优秀传统文化任何时候都不能丢，“如果丢掉了，就割断了精神命脉”。文化育人要有鉴别地加以对待，有扬弃地予以继承，努力用中华民族创造的一切精神财富来

以文化人、以文育人。习近平总书记指出，用中华优秀传统文化育人、化人，并不意味着故步自封、闭上眼睛不看世界，文明在多样中交流，在交流中互鉴，在互鉴中发展，要运用各国人民创造的优秀文明成果育人，取长补短、择善而从。其二，用具有强大凝聚力的社会主义意识形态引领人。习近平总书记指出，意识形态决定文化发展方向，意识形态是一项为国家立心、为民族立魂的极端重要工作，一个政权的思想防线被攻破了，其他防线很难守住。强化马克思主义意识形态的凝聚引领，把“四个自信”作为关键、把聚民心作为出发点和落脚点，强化意识形态建设，使社会主义意识形态更好“强信心、聚民心、暖人心、筑心”。其三，用社会主义核心价值观凝魂聚气、强基固本。社会主义核心价值观建设，说到底是人的思想建设、灵魂建设①，社会主义核心价值教育重在细落实、照入手，从扣好人生的第一粒扣子开始，像空气一样无所不在、无时不有地浸润人们、感染人们。其四，用习近平新时代中国特色社会主义思想铸魂育人。习近平总书记指出，思政课的作用不可替代，其他课程都要与思政课同向同行，用新时代中国特色社会主义思想铸魂育人，培养一代又一代拥护我们党和社会主义制度，并为之奋斗终身的有用人才。

五、关于文化育人方法路径的重要论述

习近平总书记关于文化育人的方法论述内容丰富，指出要加强和改进党对高校的全面领导，构建合力育人协同育人工作格局，加强教师队伍建设、完善育人体系等。一是围绕教育首要问题厘清育人功能定位。党的十八大以来，习近平总书记提出了关于中国特色社会主义教育功能目标价值系列新思想新观点，强调培养什么样的人是教育的首要问题，坚持教育为社会主义现代化服务、为人民服务，致力于在坚定理想信念、厚植爱国主义情怀、加强品德修养、增长知识见识、培养奋斗精神、增强综合素质六个方面狠下功夫。要求把立德树人的成效作为检验学校一切工作的根本标准，从宏观上、微观上来看待高校思想政治工作的本质要求，回答好“为谁培养人、培养什么样的人、怎么培养人”的问题，解答好“在哪用力、对谁用情、如何用心、做什么样的人”的困惑，围绕、关照、服务学生，不断提高学生思想水平、政治觉悟、道德品质、文化素养，让学生成为德才兼备、全面发展的人才。习

① 《习近平新时代中国特色社会主义思想学习纲要》，学习出版社、人民出版社2019年版，第144页。

近平总书记的这些重要论述阐明了高校人才培养的具体任务和要求，指明了高校文化育人的聚焦点、着力点。二是担当育新人责任使命做好宣传思想工作。习近平总书记指出，新时代宣传思想工作要主动担当起育新人的重大使命。人总是生活中一定的文化环境和舆论氛围中的，人不可能脱离环境的影响。宣传思想工作就是营造氛围、引领价值的工作。高校是文化建设的重要阵地，高校的宣传思想工作本质上也是做人的工作，因此，高校的宣传思想工作至关重要。“举旗帜、聚民心、育新人、兴文化、展形象”是习近平总书记关于新时代宣传思想工作使命的创新性表述，“育新人”提出了高校文化育人的根本目标，高校一切工作都要围绕这个目标展开，聚焦这个目标落实。“举旗帜”提出了高校文化育人的思想灵魂，高校文化育人教育用马克思主义铸魂育人，高举中国特色社会主义的伟大旗帜，决不能改旗易帜。“聚民心”提出了高校文化育人的鲜明价值导向，文化育人要围绕学生关照学生服务学生，以学生为本，要走进学生的内心、触及学生的心灵、充实学生的心境。“兴文化”拓展了高校文化育人的内涵要求，高校文化育人不能故步自封，要有开放的视野、发展的眼光，用创新的文化、发展的文化、先进的文化育人、化人，促进人的更好发展。三是增强时代感吸引力加强网络思想政治教育。习近平总书记强调，我们要本着对社会负责、对人民负责的态度，依法加强网络空间管理，加强网络内容建设，做强网上正面宣传，培育积极健康向上向善的网络文化，用社会主义核心价值观和人类优秀文明成果滋养人心、滋养社会，做到正能量充沛、主旋律高昂，为广大网民特别是青少年营造一个风清气正的网络空间。高校文化育人要抢占先机，用好网络阵地，运用新技术、新载体使育人工作更加灵活起来、活跃起来，推动育人技术融合、育人优势强化，更好用网络文化引领学生凝聚学生。四是紧抓以文化人主题主线开展校园文化活动。习近平总书记强调，要“更加注重以文化人、以文育人，广泛开展文明校园创建，开展形式多样、健康向上、格调高雅的校园文化活动”。这就要求我们，必须正确认识以文化人、以文育人的科学内涵，坚持把文化自信作为大学生思想政治教育的重要指向，把握好校园文化活动以文化人、以文育人的着力点，推出创造更多的校园文化活动作品，营造积极向上向善的文化氛围，为青年学生坚定文化自信提供有力支撑。

第四章　高校文化育人现状分析

作为重要的文化建设和文化育人阵地，文化传承创新是高校的重要历史使命。沈壮海指出大学是文化创新的基地，是以文化人的重要场所，塑造着社会发展进步的主体——人的素质。这便是大学文化意义的基本蕴含。高校的文化育人，旨在用文化对学生进行价值引导、情感激励和精神陶冶，旨在用文化塑造学生品格，使其在文化的熏陶中完善品德修养，升华人生价值与精神。然而任何事物的发展都要受到特定历史条件的限制，都有一个逐步完善的过程。高校文化育人思想与实践的发展也是如此。自改革开放以来，尤其党的十六大以后，随着对文化重要性认识的不断加深，我国高校在人才培养中越来越重视运用文化的手段，使文化育人工作得到长足发展，但受各种因素的影响，也存在一些不容忽视的问题。

第一节　文化育人工作成效

党的十六大以来，用马克思主义理论武装大学生的头脑、用社会主义核心价值体系统领大学生的思想道德实践、用丰富多彩的校园文化活动发展大学生的综合素质，越来越成为高校文化育人的主旋律，这不仅使文化育人理念与实践进一步深化，使文化育人成为思想政治教育的重要手段，也使大学文化的功能得到全面发挥。

一、文化育人理念与实践进一步深化

文化育人是大学教育的“应然”诉求，旨在运用广泛的文化因素达到育人目的，其育人功能体现在对学生的价值引导、行为规范、文化熏陶和精神

激励等方面，但“应然”不等于“实然”。文化育人既是一种育人理念，也是一种育人实践。由于“文化”内涵的丰富性和外延的广泛性，加之“育”在实践形式上具有多样性，如它既包括各种“有形的教育”，也包括精神激励、文化熏陶等“无形的教育”，“文化育人”在教育载体、内容和方式方法上更宽泛和丰富，需要深刻理解和灵活掌握。这需要有一个不断深化认识和实践的过程。我国高校文化育人理念及实践是随着我国大学文化的发展建设而逐步发展起来的。

大学文化建设旨在更好地发挥文化育人的作用。改革开放以来，我国的大学文化从初期的注重校园文化建设，到转型时期的文化素质教育，再到发展时期的大学文化建设。每个阶段的大学文化建设都贯穿着文化育人的理念与实践。20世纪80年代初期我国大学开始注重校园文化建设，以发展大学生文化兴趣、丰富其校园文化生活为主。随着全国大学校园文化建设的迅速发展，学术界也掀起了校园文化研究热潮，研究成果层出不穷，其间，一些由当时的国家教委、地方教育主管部门、高教学会及大学牵头举办的学术研讨会，在推广校园文化建设经验和学术研究成果的同时，浓郁了大学校园文化建设氛围，大学逐渐将大学生社团活动纳入大学育人体系，应该说这就是高校文化育人思想及实践的萌芽。

我国高校强调文化育人是随着1995年国家强调文化素质教育开始的，并越来越得到重视、强化和凸显。文化素质教育的核心目的是在文化传承创新中进行人才培养，实现文化育人。文化素质教育践行了“文化育人”之理念，将文化育人思想贯穿于整个教育活动之中。[①]章兢、何祖健早在2008年就提出文化育人是素质教育的应有模式，是在知识教育中，通过文化价值等因素的介入，以文化的有机整体，实现“文而化之”。

为扭转各高校“重理轻文”“重专业，轻通识”“执着于知识技能的养成而荒疏了人格素养培育的局面”，国家强调文化素质教育。在教育实践中，我国高校文化素质教育主要经历了三个阶段，一是注重学生素质教育、创新能力培养和 个性发展的阶段，二是提高师生文化素质和大学文化品位的阶段，三是促进文化素质教育与提升教师文化素养相结合、与思想政治教育相结合、与科学教育相结合的阶段。

无论是在哪一发展阶段，高校开展文化素质教育，都是借助各种各样的文化载体进行育人，并取得大量可见的成果，如开发教材、开设课程、建立

① 眭依凡等：《大学文化思想及文化育人研究》，浙江大学出版社2016年版，第109页。

基地、创设活动载体、开展教育实践等。在育人实践中，高校结合各自工作实际，充分利用传统载体（如主题活动、重要事件等）和现代载体（如思政课教师和辅导员博客、名师博客、QQ党校等）多渠道开展育人工作，并重视发挥校园文化感染作用，以丰富的校园文化活动为载体促进学生思想品德和行为习惯的养成。文化素质教育在促进高校教育教学改革、提高人才培养质量，在促进大学文化建设、提升大学文化品位，在促进大学生全面发展、培养德体美全面发展的社会主义建设者和接班人等方面发挥了不可替代的重要作用。2013年大学素质教育高层论坛会议上瞿振元指出，我国大学文化素质教育经过30多年的实践，取得了十分丰硕的理论与实践成果，主要体现在素质教育的思想理念普及、课程建设、教材开发、活动载体创设、基地创建等方面。

到目前，大学文化建设重在人才培养，大学文化建设重在文化育人，已经得到学术界和高等教育界的普遍共识。

二、文化育人成为思想政治教育的重要手段

大学作为一种独特的文化存在，常常通过文化环境的营造，以潜移默化、润物无声的隐性教育方式参与育人的全过程，进而实现大学育人的目标。大学育人目标的实现离不开教育手段的正确运用，离不开科学方法论的指导。以文化手段育人是教育本质及规律的具体体现，它视教育为文化的过程，注重知识的内化和升华，重视文化的整合和化成，强调通过知识升华和文化整合来健全人格，提升文化自觉，唤醒生命的创造力。而大学的文化价值就在于它以环境濡染的方式实现其价值传导与人文教化的功能，其核心价值体现在文化育人的功能上。

就培养中国特色社会主义建设者和接班人而言，文化育人既是一种教育理念，也是一种教育手段，并在党的教育方针中有所体现。中发〔2004〕16号文件指出，“校园文化具有重要的育人功能”，“要建设体现社会主义特点、时代特征和学校特色的校园文化……努力拓展新形势下大学生思想政治教育的有效途径”；2011年胡锦涛在清华百年校庆讲话中提出，高等教育要积极发挥文化育人作用；习近平在2016年全国高校思想政治工作会议讲话中强调，要把思想政治工作贯穿教育教学全过程，要更加注重以文化人、以文育人等。这些教育方针对高校深化文化育人的思想认识和实践具有重要的推进作用。高校在贯彻党的教育方针的过程中逐步深化对文化育人的认识，进而在人才培养实践中，越来越注重运用文化育人的手段。

大学在进行文化建设时会自觉地以育人为本，不断将思想政治教育内容融入其中，并借助各种文化活动的载体，传播先进的思想和文化。改革开放40多年以来，我国大学文化发展大体经历了三个阶段，即“校园文化建设”阶段，“文化素质教育”阶段和21世纪以来的“大学文化建设”阶段。无论是校园文化建设、文化素质教育，还是大学文化建设，都与思想政治教育的核心使命具有辩证统一性，并且无一例外，都反映了大学对于“文化育人”理念的践行。文化育人已然融入了大学教育的全过程和大学文化建设的全过程，并越来越成为思想政治教育的重要手段。

三、大学文化的功能进一步发挥

大学作为人类文明的精神家园、人才养成的重要基地和最富有创造力的学术殿 堂，是促进文化强国和民族文化复兴的重要主体。大学的本质是一种以传承和创新文化为己任的功能独特的文化组织[①]，它具有文明守卫、人文化成、价值批判和文化引领的独特功能。作为一种文化存在和精神存在，大学真正有价值的东西是其文化影响力，即大学文化的软实力，它既是有效的教育力量，也是影响大学核心竞争力的重要因素。

大学作为一种独特的文化存在，它常以文化的形态，以一种不知不觉的、潜移默化的……潜课程方式参与大学教育的全过程，影响和实现教育的目标。[②]大学的发展过程是大学文化建设的过程。大学文化建设以深化教育理念、完善大学 制度、培育大学精神、优化大学环境等为主要内容。大学文化的功能就是在这些方面的文化建设实践中得以体现，并且随着文化建设的不断深入，大学文化的功能也得到了进一步深化。主要体现在两个方面：一是大学文化的功能有更高层次的定位和追求。《国家“十一五”时期文化发展规划纲要》颁布以来，各高校积极编制适合自身发展的文化建设纲要。学校领导和管理者普遍重视，从顶层设计的角度开展文化建设。文化建设的内容也不仅仅局限于丰富校园文化活动，而是上升到了大学理念、大学精神以及大学文化品位的层面，并把大学精神的培育作为大学发展的一项重要战略任务来抓。二是大学文化功能得到了更加全面发挥。21世纪的大学文化建设具体到了精神文化建设、制度文化建设、环境文化建设、行为文化建设等不同的

① 王冀生：《大学文化哲学：大学文化既是一种存在更是一种信仰》，中山大学出版社2012年版，第4页。

② 眭依凡等：《大学文化思想及文化育人研究》，浙江大学出版社2016年版，第4页。

方面，不同方面的建设对应不同的行动与实践，体现着大学文化在不同方面所发挥的功能。

从某种意义上说，大学文化的功能已经覆盖了校园文化建设、文化素质教育的全方位、全过程。尤其值得一提的是，大学文化在理论创新和社会发展中也发挥着重要的引领作用。张国祚指出高校集中了全国哲学社会科学领域80%以上的研究人员和成果，在理论创新和国家重大战略决策中“思想库”“智囊团”的作用更加凸显。[①]

归根结底，当代大学生健康成长成才是高校文化育人理念和实践的有力回应，也是高校文化育人成果的终极展现。有学者调查研究表明，当代大学生的思想政 治素质总体上呈现出良好的发展态势，主要体现在他们的理想信念、爱国情怀、社会责任感和道德素质几个方面。其中，在社会主义理想信念方面，大学生表现出更多的自信。调查显示，在大学生入党动机中“追求理想信念”连续3年居首位；对中国共产党的领导核心地位，有85.5%的大学生认同。在爱国情怀方面，当代大学生民族自信心和自豪感明显增强，在事关国家利益的重大问题上，自觉与党中央保持一致。调查显示，91.4%的大学生对增强民族认同、巩固民族团结有正确的理解。在社会责任感方面，当代大学生乐于奉献爱心，服务社会，有责任担当意识。调查显示，85.2%的大学生参加过志愿活动，89.3%的大学生对“大学生应走在公民道德建设的前列”表示认同。每年也都有相当多大学生自愿选择到基层、到祖国最需要的地方去建功立业。当代大学生的道德素质也有明显提升。有调查显示，86.2%的大学生认为“见义勇为”是中华民族的传统美德。89.7%的大学生认为“做人比做事更重要”。根据新闻报道，每年都有见义勇为、孝老爱亲、诚实守信、扶危济困的大学生先进典型不断涌现。尤其是在国家遭遇重大突发事件或挑战时，大学生都能展现出良好的政治素质和昂扬的精神面貌。事实证明，当代大学生的思想政治素质在主流上是良好的，高校文化育人工作取得了良好的成效。

① 张国祚：《中国文化软实力研究要论选（第二卷）》，社会科学文献出版社2013年版，第133页。

第二节 文化育人中现实问题

受市场经济的负面影响，一些高校在办学过程中出现了一定程度的主体使命偏移，官场化、商场化的影响日益深远，急功近利等浮躁情绪日益蔓延，大学精神不断滑坡，大学生赖以生活成长的校园文化环境受到了不同程度的侵蚀和影响，最终使得大学生无从摆脱心灵上的芜杂、喧嚣与迷茫的纠缠，精神缺钙、自觉缺失、道德失范事件频频呈现。这些不良现象的存在，是社会环境的影响，也是高校文化育人种种问题的体现。

一、文化育人实践较难落到实处

受市场经济竞争与整个社会大环境的影响，一些大学里充斥着一种功利和实用化的导向，如片面追求办学规模大而全、科研经费和成果数量多、硬件设施好、工作形式新，片面强调大学为经济服务，以学术谋利，片面追随市场需求，开设实用型专业和时髦专业等，种种功利的、实用主义行为消解了大学应有的文化品质，遮蔽了大学精神的光芒，对大学教育、大学文化素质教育，乃至文化育人都造成了负面的影响。

随着世界经济一体化发展和“创新”在现代综合国力竞争中主导地位的凸显，国家对创新型人才培养空前重视。江泽民在第三次全国教育会上指出“教育是知识创新、传播和应用的主要基地，也是培育创新精神和创新人才的重要摇篮”，教育部在《面向21世纪教育振兴行动计划》中指出“高等教育要跟踪国际学术发展前沿，成为知识创新和高层次创造性人才培养的基地”。自此，以“创新”为宗旨的素质教育在高校广泛兴起，从追求立竿见影的科技成果转化，到追求速成的“创新型人才”培养，都不同程度地染上了功利主义色彩。在这种功利主义盛行、学风浮躁的教育形势下，高校的文化育人活动，也自觉不自觉地受到功利主义教育理念的影响，教育者很难有足够的耐心真正将文化育人落到实处，在周围一片喧嚣与浮躁中守护着“人文化成”这一潜移默化的漫长的发生于人脑和心灵的隐性作用的过程。

在具体工作中，文化育人实践很难落到实处，教育者所组织的文化育人活动，往往是为标榜文化育人理念而活动，为彰显活动形式而活动，为追求活动效应而活动，很多都是短期的形式性的，并没有从“人文化成”的素质发展规律出发，立足长远，系统性地实施文化育人。这样功利化的育人活动，其效果主要体现在各种报表材料和工作汇报，停留于纸面。对于学生而言，不但不能真正从心灵上得到陶冶、启迪和教化，反而受其功利主义的负面影响，形成浮躁心理，养成片面追求功 利和实用的行为习惯，如参加活动不是为了成长而是为了修学分，当学生班干部不是为了锻炼成长自己和服务他人与社会，而是为了增加就业砝码，等等；对于高校而言，不但没有达到应有的人才培养实效，反而成了大学人才培养工作的严重障碍。

二、整体育人的合力不足

文化对人的影响力是潜移默化的，是沁人心脾的，是整体性的。文化育人强调文化的隐性渗透，强调文化价值的个体内化，强调各种文化因素的合力作用。从育人模式来看，它是大学生素质教育应有的模式，它强调各门科学知识的综合，各门科学理论和方法的相互渗透，相互联系和作用，强调通过教育打破各种知识之间人为的界线，整合科学与人文，让教育搭起知识、文化与人格完善的桥梁。从育人过程来看，它强调把客体的文化内化为个体的精神。这就要求高校文化育人要把着力点放在科学与人文的融合，放在文化知识内化上，这是一项系统工程，需要全面协同的文化育人实践，需要合力共振的文化育人实践。

大学文化是校园里的一种精神氛围，是大学生健康成长的精神家园。要建设好这一精神家园，对于学校而言，一要充分发挥学校与家庭、社会之间的协同作用，通过教育合力，给予学生健康、积极、向上的精神感染，培育良好的文化氛围。二是要充分发挥学校教学、科研、管理、服务的协同作用，把校园文化环境建设贯穿于教学、科研、管理和服务工作之中，形成教书育人、管理育人、服务育人的合力。只有对外充分发挥学校、家庭、社会的文化协同作用，对内充分发挥教书、管理、服务的文化协同作用，才能真正形成文化合力，产生文化共振的效果。

文化是一个大概念，涉及学校工作的方方面面，在大学校园里，没有哪一个 人或组织能够脱离文化而存在，也没有哪一个人或组织与文化育人毫不相干。在文化育人实践中，虽然各高校都在积极开展校园文化建设，开展大学生文化素质教育，乃至进行大学文化建设，但限于学校领导之间、各部门之间界限分明的职责分工，还很难从顶层设计的角度，有一个领导或组织来统筹抓、系统抓文化建设，抓文化育人。这就难免会出现各个部门、各个岗位的教育者，按各自分内工作职责在自己的工作“面”上和工作“点”上各自为政地、散发性地开展文化建设及育人活动，使大学文化合力缺失、学生文化内化不足的现象都不同程度地存在，如第一课堂理论与第二课堂实践相脱节，文化知识教育与文化环境濡染相脱节，科学教育与人文教育相脱节，学校教育与家庭教育、社会影响相脱节，等等。

三、理论与实践脱节现象明显

加强大学生文化素质教育，实施文化育人，目的是提高大学生文化认知、促进文化价值观念内化，培养大学生的思想和行动自觉，实现知与行的内在统一。当今时代，社会需要广泛培育社会主义核心价值观，文化育人主要是结合社会主义核心价值观教育，将社会主义先进文化融入思想政治教育的全过程，融入大学生学习生活的各个方面，使学生在日常学习生活中通过文化的濡染形成自己的文化认知、养成自己的文化行为习惯。

而在具体高校文化育人实践中，还存在着明显的理论与实践相脱节的问题。主要表现在两个方面：其一，在大学文化建设中理论与实践相脱节。加强文化建设、促进大学生文化内化是实现大学生知“道”、体“道”、行“道”内在统一的关键环节，也是文化育人的重要工作内容，而当前高校开展文化建设大多停留在文化活动和精神产品层面，比如文化节、艺术节、博物馆、校史馆、校歌、校训等，除此之外，还没有把对文化育人的理性认识变成大学师生们的日常生活、工作和学习中的细节，让文化于细节处融入日常工作生活实践。其二，在文化育人中还存在着育“知”多、育“行”少，育“知”标准高、脱离学生发展实际的现象，使学生获得的文化认知都是建立在塑造社会主义理想人格的高标准之上的，而有些并不符合学生发展实际和现实需求，不利于学生“知”“行”统一。或者在育人方法上不为学生喜闻乐见、不易被学生所接受。其三，学校教育与生活实践相脱节。大学生所接受的学校教育和社会生活影响具有巨大反差，在学校教育中他们要成为有理想、有道德、有文化、有纪律的“四有”新人，而在社会生活中却又难以避免个人主义、享乐主义、拜金主义等不良风气的影响，这不仅使学校教育得不到应有的实践与体验，也很容易使学生形成“知与行是两回事儿”“这样说不等于要这样做”等错误认识，进而对学校教育形成心理阻抗，虽然表面接受，但没有把它真正内化为个人的文化自觉和文化选择。

这些教育问题的存在，在一定程度上影响了育人效果。主要体现在：有些大学生在现实生活中存在文化认知与文化实践相脱节的现象，比如，他们知道应该先公后私，实际做时却往往先私后公；知道应该"重义轻利"，实际做时却往往重实惠、讲实利；知道应该文明守信，但校园里不文明和违纪现象也屡见不鲜。"知行合一"是对大学生最基本的要求。大学生文化认知与文化实践相脱节，是文化育人中存在的一个突出问题。

第三节　影响文化育人的主要因素

文化育人涉及文化、教育、人这三大领域，是一个十分复杂的系统工程，其育人实效性也会受到来自各个领域诸多因素的影响，其中最主要的影响因素来自社会文化大环境、校园文化环境、教育者、教育机制几个方面。

一、社会转型中国家主导文化受冲击

随着改革开放和社会主义市场经济的深入发展，我国社会进入全面深化转型时期，社会经济成分和经济利益、社会生产方式、社会组织形式等都朝着多样化的方向发展。社会转型不是一个单纯自然的过程，而是与观念的力量、制度的力量联系在一起，与来自外部世界各种物质的、思想文化的冲击联系在一起。[①]无论是社会体制结构的转变，还是人们生活方式的转变，都有力地推动着人们思想观念的变革，人们的思想从传统走向现代，从重集体、轻个体走向重个体发展、强调个性解放，人们的价值观念朝多元化方向发展。人们多样化的文化价值取向对占据国家一元主导地位的马克思主义文化提出巨大挑战。尤其是西方国家利用全球化之机，凭借其强大的经济技术实力，将资本主义意识形态通过政治、经济、文化等各个领域强势向中国渗透，加之市场经济条件下一些庸俗文化的蔓延，使国家主导文化的影响力受到冲击，使一些人的思想观念受到严重的影响，以致人们思想中深层次问题不断地显露。虽然在主流思想上，大多数人仍然坚信马克思主义、坚持中国特色社会主义，但也有各种各样的异质思想出现，如有些人否定改革开放，有些人对

① 徐蓉：《现代性语境下的中国价值观建设》，复旦大学出版社2014年版，第4页。

马克思主义、社会主义产生怀疑，有些人信仰淡化。有些人受资本主义腐朽思想的侵蚀和市场经济中庸俗文化的影响，在价值观念上出现严重偏差，如拜金主义、拜权主义、利己主义、享乐主义思想盛行，不仅扭曲了个人的价值观念，败坏了社会道德风尚，有的甚至是从坚定的马克思主义者沦为极端个人主义者和利己主义者，成为不折不扣的思想腐败分子。

在这一宏观社会背景下生活和成长起来的大学生，他们的思想观念和心理健康也受到很大的负面影响。主要表现在三个方面：一是对国家主流文化的认同弱化。有些学生失去了价值选择上的方向感，价值观念模糊不清，对主流文化疏离、对民族优秀文化传统漠视，民族自信心和自豪感有所减退，民族归属感淡化。二是文化价值取向低俗化。有些大学生认为人生的全部价值就是物欲的充分满足，认为利益就是价值的评价原则，有用即为价值的评价标准。在这一价值标准指导下，当代大学生在消费、恋爱、择业观等方面，都与中华民族优秀文化传统相去甚远，正在走向低俗化。三是自我意识强烈，个人行为自由化。一些大学生通过玩世不恭、离经叛道、追求当下现实生活的放纵和快感等方式来彰显自我意识和叛逆精神。在追求个人的“潇洒脱俗”“个性张扬”中，表现为生活上作风上的随意、随性，无视组织纪律，以及违反社会公序良俗等不文明、不道德行为，以至出现思想道德观念淡薄、个人行为自由化、生活行为失范等问题。

总之，大量实践证明，社会转型时期人们在各方面的思想观念都发生了巨大的变化，从总体上看呈现出思想观念的复杂性和价值取向的多元性，而且良莠不齐。大学生也是如此。这无形中使国家主导文化的影响力受到冲击，增加了高校文化育人的难度，影响高校文化育人的实效。

二、不良的校园亚文化环境影响

在现代大众传媒条件下，由于文化信息的多向贯通和舆论的多元表达，大学生处于中西文化交锋碰撞、先进文化与落后文化并存的复杂文化环境之中，多样性的文化存在必然会产生多样性的文化选择。“当代大学生文化观现状”调查研究表明，当代大学生的文化价值观虽然在主流上是好的，基本与国家主流文化保持一致，但也有一些大学生对本民族文化缺乏认同感和自豪感、盲目崇拜西方文化，文化价值观念模糊、良莠不分。

有什么样的文化价值观念就会形成什么样的文化。大学生作为能动地校园文化生活的主体，他们在接受校园文化影响的同时，也时时创造着校园文化。大学生具有不良的文化价值观就会创造不良的校园亚文化。校园亚文化作为与校园主文化（即大学官方意识形态）相对应的次属文化，它与校园主文化既有吻合的部分，也有不一致的部分，相吻合的称“同一亚文化”，不相吻合的称“不良亚文化”。以大学生为主体的不良校园亚文化是指“由大学生群体创造并信奉推行的，在某些方面与社会主流文化的思维习惯、生活方式与价值观念等有所不同的文化体系”，它是与主流文化相悖、不利于大学生身心健康成长、败坏校园风气、阻碍社会进步的文化。不良的校园亚文化，对学习生活在校园之中的大学生具有重要的影响，主要体现在对他们的价值取向、文化修养、知识结构和兴趣追求等方面的影响上，严重消解着大学文化育人的功能。

当代大学生群体中的不良亚文化，具有各种各样的表现形式，如热衷时尚、名牌、洋节、攀比等拜金享乐亚文化，发低俗短信、课桌留言、不文明口头禅等不雅信息亚文化，热衷网络游戏、网络聊天等虚幻亚文化，违反社会公德、破坏校规校纪、无视法纪法规等越轨文化；评优拉票、入党跑关系等校园腐败亚文化；非高富帅不嫁、非白富美不娶等不良恋爱亚文化，等等。这些来自大学生群体的不良校园亚文化，具有极强的传播性和感染性，很容易在大学生群体中传播和扩散，并被大学生当成社会生活经验或个性化标签来追捧效仿。这不仅严重影响着他们身心健康的发展，还会使大学生对主流校园文化的价值引导产生心理上的抵触和排斥，进而影响高校文化育人的实效。

大学生是我国社会主义事业的建设者和接班人，不良的校园亚文化对大学生产生的负面影响不容忽视，必须从转变大学生文化价值观念入手，加强校园文化建设，以增强校园文化育人实效。

三、文化育人实践机制不完善

文化育人是一个理论问题，在本质上更是一个实践问题。它强调以文“化”人，重在“化”的过程。“化”的过程，既是育人“主体”的人运用一定文化载体影响人、教化人的实践过程，也是育人“客体”的人自主进行文化价值判断和选择的实践过程，实践是文化育人应有之义。

人类任何一项实践活动都是关于对象的指向性活动。文化育人是有目的实践活动，要在实践的过程中追求文化育人价值的实现。实施文化育人必须重视实践过程。此外，任何教育，都离不开教育方法的正确运用。文化育人作为一项系统工程，是由既相互联系，又互相影响的各个要素按照一定的结构、层次、规则和内部联系而形成的有机整体[①]，更要遵循文化育人的实践规律，讲究育人方法，建立切实可行的实践育人机制，最大限度地发挥文化育人工作的效能。

从整体上来看，虽然近年来人们逐渐认识到文化育人的重要性并在文化育人实践中取得了一些成效，但受当前普遍存在的大学功利化和实用化办学行为的影响，大学更重视办学的硬指标建设，对那些需要长期建设、系统建设又很难在短期内见成效的工作，如教师价值引导力提升、促进学生自主发展、优化文化环境、构建要素协同育人体系等工作难免会受到冲击，建设系统而长效的实践机制的难度也更大。

当前高校文化育人的长效机制建设还比较薄弱，育人实践机制面临着严峻的挑战，如在教师综合素质提升方面，学校更多注重对教师进行技术层面的教学能力培养，而对教师的理想信念教育、核心价值观教育、文化自信培养、师德建设等并没有给予足够的重视或采取足够得力的举措，使教师仅停留在“教书匠”的水平，而并不是成为大学生人生的导师；在大学校园文化建设中，相比较而言，大学更多注重物质文化轻精神文化、注重现代文化轻传统文化、注重科学精神轻人文精神、注重教育理论研究轻教育实践研究、注重单一文化活动的创新轻系统性长期性文化活动的开展等，使大学文化建设效果不佳，弱化文化育人功能；在大学生文化自信培养中，学校在以社会主义核心价值观为统领，挖掘中华优秀传统文化资源、创新传统文化教育载体、探索传统文化与思想政治教育融合路径等方面还不是很深入，缺少目的明确而系统化地设计，而且是理论宣讲得多，实践中务实做得少。即便是在思想政治教育理论课教学中，也没有有效地融入传统文化，充分发挥传统文化的作用，使教育没有充实的内涵，苍白空洞，不能激发学生的兴趣，也很难得到学生认同，这在很大程度上影响了大学生对中华民族传统文化的自信。

这些问题的存在，归根结底都是缺少文化育人工作的长效实践机制。文化育人具有建设周期长、涉及面广、见效慢的特点，需要经过长期的、全方位的努力才能收到实效。因此，高校要从战略高度去认识文化育人，认识实践的重要性，把文化育人的实践目标列入学校发展规划，加强顶层设计，完善文化育人实践机制，使文化育人成为大学实实在在的规范而有序的各方面

① 李峰，王元彬：《高校文化育人工作的机制与载体研究》载《当代教育与文化》2014年第3期。

工作实践，使大学文化在持之以恒的建设实践中不断升华，形成浓郁的校园文化氛围和向上的育人环境；使教育者在充分的育人激励和保障中养成时时育人、处处育人的行为习惯，包括在教育教学和管理服务各个工作环节的价值引导、价值渗透，乃至以身立教，通过自身高尚的人格和优秀的品质进行激励和感召；使大学生在日常学习生活实践中接受良好的文化行为养成教育，实现思想认同、行为规约和品格养成[①]。

① 郑卫丽：《大学文化育人工作的实践特征及本质》，载《人民论坛》2014年第14期。

第五章　高校文化育人的实现路径

第一节　坚持文化育人的基本原则

一、坚持马克思主义指导原则

马克思主义是19世纪中叶马克思、恩格斯创立的学说，包括马克思主义哲学、政治经济学和科学社会主义三方面基本内容。它立足于无产阶级的立场，客观阐述了人、自然和社会发展的一般规律，深刻地剖析了资本主义社会的根源性问题，并科学地预测了资本主义必然灭亡、社会主义必然胜利的历史发展趋势。马克思主义产生以来，为广大无产阶级认识社会、改造社会提供了强大的思想武器和理论指导，成为无产阶级认识世界和改造世界的世界观、方法论。

马克思主义是对客观存在的事物本质及其规律的正确反映，以实践论和历史唯物论为基础。马克思主义的生命力在于它与具体的社会实践相结合，指导人们利用新技术，掌握新理论，解决新矛盾和新问题，并随着社会历史实践的不断发展而不断丰富和完善，具有与时俱进的理论品质。随着时代的变迁和科学技术的迅猛发展，自然条件、人类社会面貌、人的思维水平发生了翻天覆地的变化，马克思主义需要与具体的现实情况和科学发展状况相结合，坚持与时俱进、与人俱进、与科技发展俱进的基本原则。也只有与时代发展相契合，与人们的思维水平和科技发展状况相融合，马克思主义才能为人们的社会实践提供理论指南。

马克思主义一经传入中国便开始与中国实际相结合。毛泽东最早提出马克思主义中国化思想，指出要“学会把马克思列宁主义的理论应用于中国的具体的环境”，要“使马克思主义在中国具体化”。

当前，我国处于社会转型期，传统思想与现代思想交融，本土文化与外来文化碰撞，导致思潮多样化、思想多元化，以各种不同形式载体承载的各类信息鱼龙混杂，不断稀释着主流的意识形态，给人们分析、辨别、选择、接纳各种信息带来困难。在这种情况下，坚持马克思主义的指导地位，运用马克思主义的立场、观点、方法分析和鉴别错误思潮显得尤为重要。

中国特色社会主义文化是当代中国先进文化。它以马克思主义为核心和灵魂，以马克思主义为发展指南。没有马克思主义的指导，中国特色社会主义文化就会迷失方向，失去前进动力，就不能凝聚最广大人民进行社会主义建设。而文化育人是以社会主义先进文化来育人，在育人过程中自然而然地更加突出了马克思主义的指导地位。

作为一种教育方法和手段，文化育人在思想政治教育方法体系中占据重要的地位。思想政治教育方法体系从上至下大体上可以分为四个层面：第一层面是“马克思主义哲学方法”，居于宏观指导层面；第二层面是“一般科学方法”，具有普遍应用意义；第三层面是“基本教育方法”，处于中观操作层面，在思想政治教育方法体系中处于承上启下的位置；第四个层面是“具体教育方法”，处于微观的具体操作层面。从上至下，思想政治教育方法所处的层面越低，其方法的实践指向性就越明显，可操作性就越强，文化育人实践就越具体。其中，文化育人的方法处在第三个层面，是思想政治教育的一种基本教育方法。对上，它以马克思主义哲学方法为指导，以一般科学方法为基础。对下，它作为一种基本教育方法，下面还有许多具体方法做支撑，可以形成一个相对独立的文化育人方法体系。需要强调指出的是，马克思主义哲学方法在整个思想政治教育方法体系中处于最高层面，居于宏观指导地位，对其以下各层面的教育方法都具有指导作用。

马克思主义哲学方法是人们认识世界、改造世界的基本方法，是适用自然、人类社会和思维的高度广泛、抽象的方法，对其他学科方法都具有普遍的指导意义。“一切从实际出发”“群众路线的方法”“理论与实践相结合”“历史和逻辑相一致”等都是常用的马克思主义哲学方法。必须把这些马克思主义哲学方法从始至终、纵向贯穿到思想政治教育的一般科学方法、基本教育方法、具体教育方法之中，使抽象的哲学方法逐渐与具体实践相结合，充分发挥马克思主义哲学方法的指导作用。

二、尊重学生发展与教育规律原则

习近平总书记在全国高校思想政治工作会议上强调，做好高校思想政治工作要遵循思想政治工作规律、教书育人规律、学生成长规律。这是做好思想政治工作的原则，也是高校实施文化育人的基本原则。规律是指事物发展过程中内在的本质联系，由事物内部矛盾构成，决定事物发展的趋向。规律是客观的、内在的。它不以人的主观意志为转移，不能创造和改变，只能发现、把握、利用。人们对事物发展规律的认识属于主观对客观的反映活动，它是一个永无止境的探索过程。

思想政治教育学以人的思想品德形成发展规律及思想政治教育规律为主要研究对象，人的思想品德形成过程和思想政治教育过程是协同发展、辩证统一的。文化育人作为一种思想政治教育实践，与思想政治教育具有同样的规律性。文化育人具有双重价值追求。它既追求个人的价值，促进大学生全面自由发展，也追求社会价值，推动社会全面进步，体现着促进个人全面发展与社会全面进步的统一。从矛盾运动的角度来看，文化育人的过程实际上就是教育者根据社会发展要求和大学生思想政治素质发展规律，对其施加有目的、有计划、有组织的教化影响，促进大学生形成社会所期望的思想政治素质的过程。在这一过程中不仅蕴含着学生成长规律，蕴含着思想政治教育规律，甚至蕴含着教书育人规律。要有效实施文化育人，必须充分尊重这些规律。

三、坚持合力育人原则

文化育人的主要场所在大学校园，校园文化是文化育人的重要载体。校园文化是以师生文化活动为主体，以校园精神为底蕴，由校园中所有成员在长期的办学过程中共同创造而形成的学校物质文明和精神文明的总和。它主要包括物质文化、制度文化和精神文化。其中，精神文化由全校师生的价值观融汇而成，在校园文化中居于核心地位，起统领作用，是校园文化的灵魂。作为大学文化风格和大学精神的综合体现，校园文化伴随大学教育而生，既反映学校历史发展中的文化积淀和精神传承，也反映学校在培养人、造就人方面的物质成就和精神成就。它由全校师生所创造，以教学、科研、管理、服务、生活等各个领域的文化活动为基本表现形式。

学校历史发展中的文化积淀和精神传承，也反映学校在培养人、造就人方面的物质成就和精神成就。它由全校师生所创造，以教学、科研、管理、服务、生活等各个领域的文化活动为基本表现形式。

校园文化具有重要的育人功能。作为学校育人的环境条件，校园文化是育人过程中重要的教育资源和构成要素。健康向上的校园文化能够使大学生潜移默化地获得知识、陶冶情操，促进他们综合素质的提升与完善，为实现学校的人才培养目标、服务社会打下良好的基础。

校园文化在结构功能上具有系统性和复杂性。校园文化是由多种要素构成的具有一定结构和功能的系统，是各要素相互联系、相互作用的有机整体。校园文化的各构成要素分布在不同的组织层面、不同的工作领域、不同的人员群体，具有很大的复杂性。随着社会的进步和学校事业的发展，校园文化总是不断推陈出新、动态发展的。在校园里，总有新的时尚文化在流行，有新的文化成果被创造，也总有一些不符合时代发展需要的文化在衰微、在消逝。校园文化作为社会文化系统中的一部分，是校内校外各股教育力量及校园文化各要素相互影响相互作用的产物。其中，校园精神文化（即全校师生的价值取向）不仅决定校园文化的性质和方向，也决定校园文化功能的实现。

要有效发挥校园文化的育人功能，必须坚持以社会主义核心价值观为统领，坚持合力育人原则，既要发挥学校的主渠道作用，加强课堂教学、校园文化建设和社团组织活动的密切联系，又要促进家校合作，广泛利用社会资源，科学设计和安排课内外、校内外活动，营造协调一致的良好育人环境。

四、坚持真善美统一原则

真善美统一是思想政治教育的根本价值。文化育人是以先进文化育人。作为一种特殊的思想政治教育实践，其根本宗旨是促进人的全面自由发展，其根本价值体现在真、善、美的统一。文化育人的价值是人和社会在文化育人实践—认识活动中建立起来的，以人的社会主义核心观形成和发展规律为尺度的一种客观的主客体关系，是文化育人实践是否与人的本质、意义和需要等相统一的关系。这种关系是文化育人实践合乎人的全面自由发展（尤其是以社会主义核心价值观为统领的思想品德的形成与发展）和人类社会进步（尤其是精神文明的进步）的目的而呈现出的一种肯定的价值关系。这种价值关系表现为社会价值与个体价值的统一，在本质上是合规律性与合目的性的统一，即真善美的统一。

人的全面自由发展是人的解放的最高境界，也是思想政治教育尤其是文化育人的终极价值追求。从哲学上讲，人的全面自由发展是真善美的统一。从文化意义上说，真善美也是人的全面自由发展的三个“文化尺度”，或称为人的文化活动的原则，它们是内在于人的文化价值取向之中的。

真善美三者之间既相互联系又相互区别，存在着不可分割的内在联系。其中，“真”的尺度是活动主客体之间的事实性关系及其观念上的统一，与客观、真实、规律、科学相关。它是人们实现“善”和“美”的基础，离开“真”的尺度，就没有“善”与“美”的价值和意义。在人们所实现的“善”和“美”中，必然地包含着对“真”的遵循。“美”的实现则更要以合规律性、合目的性为基础。对它而言，“真”与“善”缺一不可。

人们在实践中只有全面地遵循真善美三种尺度的有机统一，并在自己的实践活动中加以综合运用，才能……使自己的本质力量得到全面的确证，即实现全面自由发展。因此，人作为能动的文化主体，在文化育人实践中既要遵循“真”和“善”的尺度，也要遵循“美”的尺度，自觉坚持真善美的统一。

第二节　完善文化育人方法

一、隐性育人法

隐性育人法就是教育者将思想政治教育信息融于大学生文化活动、日常文化生活或其所处的校园文化环境载体之中，并通过这些文化载体增强大学生的现实体验，发挥文化的价值渗透、陶冶情操和精神激励作用。隐性育人法作为文化育人的一种基本方法，它不是单一的一个方法，而是一种方法体系。隐性育人的方法主要包括渗透教育法、陶冶教育法和体验教育法。

渗透教育法是教育者将教育的内容渗透到受教育者可能接触到的一切事物和活动中，潜移默化地对受教育者产生影响的方法。它的教育方式多种多样，但都必须借助一定的文化载体如文化活动、文化环境、文化生活、大众传媒等来实现育人目的。运用什么样的文化载体及育人方式，比如，是设计生动活泼的文化活动，还是营造轻松和谐的文化环境？是严格文化生活管理规范，还是利用先进的传媒手段？教育者可以根据教育目的和教育内容的需要进行选择。同时，运用渗透法育人强调要营造一定的文化氛围。例如，借助大众传媒的载体，集声音、形象、艺术美感于一体，使大学生在愉悦欣赏的情绪体验中受到感染和熏陶；借助校园文化的载体，营造文明、民主、和谐、向上等良好的校园文化氛围，使大学生置身其中，思想和行为潜移默化地受到同化等。运用渗透教育法重在寓教于境，通过文化环境中的文化价值渗透来育人。

陶冶教育法主要是指教育者通过创设和利用各种有教育意义的环境、情境，对学生进行潜移默化的影响，使学生耳濡目染，在道德、心灵、思想情操等方面受到感染、熏陶。陶冶教育法强调教育者通过营造一种轻松、愉悦、和谐的文化氛围和教育环境，并用美的形象化和愉悦机制使学生在轻松、愉悦、陶醉的心理状态下接受教育；强调通过情感的调动，激发学生的学习动机、想象力和理解力等。运用陶冶教育方法重在寓教于境、寓教于情、寓教于美。要以境陶冶人，通过校园文化环境的艺术性、教育性和具有文化意义的象征性来陶冶性情、激发美感；要以情陶冶人，通过学校领导和教师的人格魅力来激励和陶冶学生，以培养他们健全的个性；以美陶冶人，通过教育教学和环境中一切美的因素陶冶学生的情操。

体验教育法就是通过组织大学生参与各类实践活动，引导他们在亲身经历中获得切身感受，形成深刻理解，并在感受中升华思想认知，形成正确的价值观的一种方法。体验教育法强调大学生的主体实践性，强调寓教于行，通过学生积极参与实践活动、亲身接触具体事物、了解事物现象，并透过现象看本质，发现事物的规律，使学生在实践体验中提升自己的思想认识水平和道德实践水平。大学生进行体验的方式有很多，如参与文明班团组织建设、青年志愿者服务、大学生“三下乡”、劳动锻炼、社会考察等方式，都可以使大学生从中受到隐性教育。

要充分发挥文化育人的隐性教育功能，就要立足于渗透教育、陶冶教育和体验教育，积极探索和创新各种具体的隐性教育方法，完善隐性育人的方法体系，以充分发挥各级各类校园文化活动、文化环境及文化生活的渗透和陶冶作用，增强学生的实践体验，进而实现文化育人的隐性教育价值。

二、“场”式育人法

当文化对人产生影响时，它是以“场”的形式存在的。学校作为一种文化组织，实质上就是一种“文化场”，学校文化场是由学风、教风和校风、校园文化和环境、学校师生员工的精神面貌和社会舆论氛围等文化因素共同形成的一种精神力量。这种精神力量作为一种凝聚力、向心力和人们积极进取、奋发向上的动能，时时影响着每一位校园师生。这种精神力量即文化的“场力”。学校文化场就是以一种综合“场力”的形式释放能量、施教于人的。

三、生活养成法

生活是教育之源。大学生成长的每一步都与平时的学习生活息息相关。生活养成法是指教育者把养成教育融入大学生日常学习生活的各个方面，并以“润物细无声”的方式让大学生在日常生活中自觉养成良好的行为习惯，全面提升自身的能力素质。生活养成教育不是大学生在随心所欲的生活中去进行漫无目的的自我教育，也不是教育者简单地对学生进行强制性的行为约束或行为训练，而是通过一定的教育手段促使大学生在日常生活中自我养成。这种教育方式体现了文化育人的生活实践原则，彰显了大学生的主体性，是文化育人不可或缺的一种基本教育方法。

大学生生活养成教育是融于生活的教育，有生活在就有教育在。从这个意义上说，生活养成教育是一项系统工程，是全员、全程、全方位的教育。全员教育是指大学生的学习生活涉及教育教学、科研、管理和服务等，需要全员参与。全程教育是指生活养成教育周期长，在整个大学期间都要结合大学生在不同成长阶段的生活实际，有针对性、有侧重地开展生活养成教育。全方位教育是指生活养成教育涉及的内容比较广泛，不仅包括高尚思想品行、良好个性人格和行为习惯的养成，而且包括良好的专业素养和人文素质的养成。同时，每一项内容中又涉及一系列的具体内容，如“高尚思想品行”涵盖热爱祖国、奉献社会、服务人民、文明守信、勤俭节约、艰苦奋斗等很多方面。“良好个性人格”的内涵也非常丰富，大学生的一切优秀品质和个性都涵盖其中，如自强、博爱、奉献、诚信、友善、勤奋、担当、文明、知礼、豁达、乐观、进取等。

生活养成教育的实施方法也有很多，最基本的方法有正面灌输法、启发引导法、典型示范法、规范管理法。例如，在学校明确各项教育、管理举措的基础上，运用正面灌输法，对学生晓之以理，动之以情，使大学生增强对学校各项教育管理制度的理解和认同，进而提高思想认识；运用启发引导法，调动学生的内在积极性，使其形成正确的价值认知，自觉参与各项集体活动；运用典型示范法，为大学生树立学习榜样，激励大学生学先进、赶先进，形成“学、比、赶、超”的良好氛围，用榜样的力量带动更多学生接受养成教育；通过规范管理的方法，帮助大学生树立自律意识，规范自己的言行，文明修身。

第三节 构建“四要素”协同育人体系

一、提升教育者的价值引导力

（一）教育者的价值引导使命

第一，文化育人强调思想文化引领和教化。它着眼于大学生个体意义的生成，强调思想文化的引领和教化。所谓引领就是指引和领导，强调正面的要求和指导，强调主体对客体起主要的引导作用。

第二，教育者肩负价值引导的使命。作为引领和教化大学生成长的责任主体，教育者在文化育人过程中以立德树人、促进学生全面发展为己任，引导学生追求人生理想与价值，使其思想品德向社会要求的方向发展。他们在文化育人过程中占据着价值主导的地位，肩负着价值引导的使命。所谓价值引导者，就是通过设计、组织和实施文化育人活动，引导和帮助学生进行价值选择，实现生活意义。

第三，教育者的价值引导职能及其体现。教育活动是一种以培养人为特征而构成的价值认识、价值选择、价值实现的特殊活动。从这个意义上说，价值与主体的情感、意志、选择密切相关。引导人追求价值、创造价值是教育的主旋律。教育者的价值引导职能主要包括引导价值认知、价值选择和价值实现，激发人对价值追求的能动性，促进人的价值世界的丰富和发展。

高校文化育人的教育者主要包括通过教学、管理和服务等方式实施文化育人的各类专业课教师、辅导员、党政管理干部和共青团干部、后勤与图书馆等服务人员，他们都是文化育人的主体力量。教育者的价值引导职能主要体现在课堂教学之中和日常教育管理与服务之中，教师在课堂教学中可以通过各种渠道发挥对学生的价值引导作用。例如，通过精彩的教学设计，使教学饱含丰富的意义和价值，进而引导学生认识真理，明确自己的所需和做出自己的选择；通过自身的价值追求和人生智慧使学生从中受到影响和感召，并在不断地反思中构建自己的价值观；通过让课堂充满智慧挑战，唤醒学生求知的欲望。在日常的教育管理与服务过程中，学校机关、后勤、图书馆、各院（系部）等相关单位和部门的管理干部、辅导员及服务人员，作为第一课堂教学之外的文化育人者，也能立足本岗位，通过多种方式对学生发挥价值引导作用。例如，管理干部通过秉持现代化的管理理念、建立赏罚分明的管理规章、采取科学规范而又富有人性化的管理举措等正校风，树新风，培育优质的管理文化和制度文化，并潜移默化地影响学生，帮助学生形成正确的价值观；服务部门工作人员通过微笑式和亲情式服务展现人文关怀，通过丰富多彩的优质服务创建活动体现“以学生为本”的服务理念，用真情关爱学生，用温馨感染学生。

第四，教育者进行价值引导的基本要求。教育者作为学生发展道路上的重要“他人”，其使命在于唤醒生命，激扬生命，引导学生不断迈向更高的层次。教育者的价值引导不仅影响学生在校期间的发展，也将对学生的整个人生产生深远的影响。可以说，教育者承载的是一种生命重托，使命神圣，责任重大。这要求教育者在价值引导过程中要达到一定的要求。其一，要有明确的价值认知。传道者自己首先要明道。教育者在文化育人过程中要对“培养什么样的人、怎么培养人、为谁培养人”等问题有一个清晰的认识，并围绕教育“立德树人”根本任务，深刻认识自身的角色担当、教育使命及对促进学生发展和社会进步的作用，深切体察学生的价值观发展情况及思想困惑。其二，要有坚定的价值立场。传道者自己首先要信道。教育者要坚持马克思主义的价值立场，以理性的态度和方式观察、分析当前社会中存在的一些不良现象及学生中存在的一些思想认识问题，正视社会生活中以及学生所面临的价值冲突，在对多元文化价值观保持一定宽容和理解的基础上，积极引导学生树立社会主义核心价值观，追求高尚的人生境界。同时，保持自己独立的人格，不轻易为外界不良因素所左右，坚定自己的理想信念，执着地朝着自己认准的目标努力，最终以自己的深邃、理性、独立、执着影响、激励学生成长。其三，要树立自身良好的形象。传道者首先要行道，以身立教是最具影响力和感染力的。孔子说：“其身正，不令而行；其身不正，虽令不从。”因此，教育者要培养学生成为什么样的人，自己首先要成为什么样的人。教育者品德高尚，行为端正，其本身就是一种宝贵的教育资源。教育者具有的任何优秀品质都会通过自己的言行被学生所感知，并成为一种榜样力量，引导学生在价值追求和自我完善的道路上不断前行。

总之，良好的教育是引领学生自己“去观察”“去感悟”“去判别”“去表达”。教育者不仅传承文化，更为丰富学生情感、磨砺学生意志、完善学生道德引路。他们凭借对学生的尊重与关爱感召学生的心灵，引领学生的成长。

（二）教育者的价值引导力提升策略

教育者自身综合素质的高低决定其价值引导力的大小。教育者的综合素质越高，其价值引导力就越强。反之，教育者的综合素质越低，其价值引导力就越弱。要提升教育者的价值引导力，必须从提高教育者的综合素质抓起。教育者综合素质的提升，一方面来自学校多渠道的促进，另一方面来自教育者自身的努力。

第一，在学校层面要多渠道促进教育者素质的提升。习近平在全国高校思想政治工作会议上提出，要从选拔、培训、实践、激励入手，整体推进高校思想政治工作队伍建设，保证这支队伍后继有人、源源不断。这是党对高校思想政治工作队伍建设的总体要求，也是党对提升高校教育工作者综合素质的基本策略。

第二，从教育者自身层面，要加强自我教育和自我完善。教育者要充分发挥自身的主体作用，通过各种方法不断提高自身的发展水平，提升价值引导力，其中最重要的是要抓好自身的理论学习和经常性的自我反思。

具体来说，教育者要经常反思如下几个方面的问题：一是要经常反思自己的职责及自身存在的价值是什么，自己的教育行为是否具有合法性与合理性；二是要经常反思开展某项教育活动的意义是什么，是否以促进学生发展为本；三是要经常反思自己的教育观念是否符合时代发展要求，是否有利于学生发展，尽量避免因思想观念带来的教育偏差；四是要经常反思自身的教育实践，反思自己在价值引导过程中引导是否到位、是否存在疏漏、效果如何、哪些需要调整和改进等。教育者只有经常进行自我反思，才能时刻对自身的教育职责与存在意义、对所开展教育活动的合理性、对自身的教育价值观念及教育实践成效有一个清晰的认识和把握，对存在的不足及时地进行调整、完善。这不仅能有效提升教育者的理性思考和价值判断能力，也是提升教育者价值引导力的必经路径。

二、促进大学生自主发展

大学生是文化育人的教育对象，即受教育者。文化育人活动的成效最终要在大学生的素质发展中得到体现。在文化育人活动中，大学生是能动的文化主体，其主体性强弱和文化自信水平高低，能够影响他对外在给予的文化价值引导、文化价值客体接受、吸收和转化的程度。大学生的文化主体性越强，文化自信水平越高，在文化育人活动中，对外在文化价值客体吸收转化得就越好。因此，要提高文化育人实效，必须促进大学生的自主发展，主要从大学生文化主体性和文化自信的培养入手。

（一）大学生文化主体性培养

人是文化的主体，具有文化主体性。文化主体性就是人作为文化主体的规定性，体现在文化主体与自然、社会及其自身发生的主客体关系之中。文化主体在与他人和社会关系中表现为自主性，在对象性文化活动中表现为能动性，在与自我关系中表现出超越性。大学生的文化主体性是文化育人的重要基础。文化内化与外化是文化育人过程中必不可少的实践环节。它作为大学生文化主体性的集中体现，主要表现为大学生在“文化价值客体主体化”过程中所表现出来的文化价值内化与行为外化的自主性、能动性和超越性。离开大学生的自主性、能动性和超越性，“文化价值客体主体化”就没有可实现的基础和动力。因此，大学生的文化主体性是决定文化育人能否取得实效的一个重要因素。

从这个意义上说，在大学生文化主体性教育中，无论是教育者还是大学生，他们都是教育的主体，都需要得到充分的重视与尊重。无论是教育者的价值引领还是大学生的自我构建，都要付诸实践，在实践中完成。因此，在文化育人中，实施主体性教育，加强大学生文化主体建设，要从确立主体地位、提升主体认知和增强自我教育能力三个方面入手。

第一，强化“以人为本”，确立大学生的主体地位。首先，要树立“以人为本”的教育理念。大学生的全面自由发展是教育的根本宗旨，也是大学生自身主体性（即本质力量）的体现。离开大学生自身的主体性，其全面自由发展就失去了可实现的基础。从这个意义上说，以学生为本是大学生主体性发展对教育所提出的内在要求。要确立大学生的主体地位，首先要树立以学生发展为本的教育理念。学校的一切工作都要以培养人、发展人为根本出发点，一切工作都要着眼于满足学生的发展需求、维护学生的根本利益、促进学生的全面发展，一切工作都要坚持尊重学生、关心学生、理解学生、帮助学生，真正做到教育工作“一切为了学生，为了学生的一切”。教育者要充分认识到，大学生自身的主体性是其成长成才的内在因素，起决定性作用。教育者只是大学生成长成才的外部因素，起辅助性作用。以学生为本是保障大学生主体性地位、发挥大学生主体性作用、育人活动取得实效的重要基础。在教育教学活动中，要放下“师道尊严”“填鸭式”的教育理念，倡导学生自主学习，自主教育，充分调动学生的积极性，赋予学生永不停息探求知识的生命力，促进学生主体性的发展和完善。其次，要全面落实大学生的主体性地位。学校要抓好顶层设计，以促进学生的主体性发展为本，合理安排各项教育教学和管理服务工作。一是要优化课程设置，加强跨学科、跨专业教育，注意各种课程人文精神的融入，丰富大学生第二课堂素质教育活动。二是要通过教学质量监控评价等举措，引导教师建立师生相互尊重、平等交流、双向互动的新型师生关系，让教育成为师生思维碰撞、相互启发的过程，为学生主体精神的激发和主体作用的发挥创造有利条件。三是要优化教育培养方式，克服传统的教育者“一言堂”“满堂灌”现象，鼓励教育者做导演，把学生推上“表演”的舞台，引导学生在自主参与中正确塑造自己。四是要引导学生参与学校管理，要鼓励学生多参与为学校发展建言献策、网上评教、后勤服务质量监督等活动，增强学生的主人翁责任感，发挥其主体性作用；要注意在各项工作中融入学校对大学生的人文关怀，增强大学生的主体性感知。五是要通过各种媒介手段，加强舆论宣传，大力弘扬“以人为本”“以学生为中心”的教育理念，为学生充分发展自主性、能动性和创新性创造良好的校园文化氛围。

第二，强化“价值引导”，提升大学生的主体认知。文化教化是文化育人的基本途径。简言之，就是教育者通过各种文化手段向大学生输送社会主义先进文化价值观，并被大学生理解接受，内化为己有，乃至外化为行动的过程。这一过程，对教育者而言就是进行价值引导的过程。它是提升大学生主体认知的基本前提。价值引导应该建立在对学生成长的潜能和对他们充满期待的内心世界的关注、激励与赏识上。教育者通过外在价值与意义的输送，激发大学生的主体性认知需求，开启大学生对自己人生意义与成长追求的思考。在大学生文化主体性建设中，教育者要着重从以下几个方面进行价值引导：一是引导大学生对自己的人生理想和目标进行思考，在更高远的精神追求层面提升主体觉知，树立共产主义的崇高理想和全心全意为人民服务的价值追求，树立社会主义、集体主义和爱国主义相统一的人生价值观，树立明确而具体的职业发展目标，进而拓展大学生的主体性发展空间。二是引导大学生对大学生活意义和努力方向的思考，让他们认识到无论一名大学生有多么高远的理想和人生价值追求，大学都注定是为未来人生筑梦、为未来人生奠基的一个至关重要的阶段，认识到在大学中“内强素质，外塑形象”的重要性，认识到学会思考和进行价值选择和判断的重要性，认识到做好大学生活规划的重要性，进而激励大学生拼搏、进取，坚持正确的发展方向。三是引导大学生正确认识成长成才规律，让大学生认识到他们成长成才既有一般规律可循，也有个体的差异性和特殊性存在；认识到遵循学校培养计划和教育教学安排非常重要，而结合个人实际，个性化地发展自己也很重要。四是引导大学生正确认识实践对他们成长成才的重要性，让大学生懂得，“实践出真知”的道理，认识到社会发展对他们创新精神和创造能力的迫切需要，进而树立求真务实的实践精神，并在扎根实践中成长成才。

第三，强化“自我构建”，增强大学生的自我教育能力。大学生“自我构建”是相对于教育者“价值引导”而言的，主要是指大学生通过自我教育的途径来提升自我、塑造新我的过程。自我教育也称为自我修养，是大学生主体能动性的集中体现。它主要包括自主学习、独立生活和自我构建三层内涵。其中，自我建构是大学生主体性发展的最高境界，促进大学生自主学习和独立生活，最终都是为了自我建构。

（二）大学生文化自信培养

文化自信是一个民族文化传承创新的精神基石，也是与他国文化碰撞交锋时的价值底气，是维护文化安全、彰显文化特性的一道重要思想屏障。习近平总书记高度重视文化自信。对当代大学生而言，坚定文化自信，就是要增强中华优秀传统文化认同，树立社会主义核心价值观。这也是全球化时代发展赋予高校文化育人的一项重要使命。对于高校而言，要增强大学生的优秀传统文化认同，树立社会主义核心价值观，必须着眼于中华优秀传统文化的创造性转化和创新性发展，充分挖掘其中的优秀因子，加速优秀传统文化的现代转型，焕发中华优秀传统文化的时代生机。

三、优化文化育人环境

环境作为文化育人的基本构成要素之一，在文化育人过程中对教育客体——大学生具有重要的影响。文化育人的环境是指大学生赖以学习、生活和成长的文化环境，主要包括校园文化环境和网络文化环境。其中，网络文化既是校园文化的一个重要组成部分，又与世界紧密相连，具有开放性、自由性、复杂性、多元性、多变性、隐蔽性等特点。在新媒体时代，网络文化环境对大学生的影响不容忽视。要充分发挥文化环境对大学生的积极影响作用，提高文化育人实效，一个重要举措就是优化育人的文化环境。而优化文化育人环境重在加强校园文化和网络文化建设，尤其要从建立健全文化建设机制入手。

（一）建立健全校园文化建设机制

校园文化，这里特指传统意义上的校园文化，由物质文化、制度文化、精神文化构成。从文化育人的角度来看，作为大学不可或缺的重要组成部分，校园文化是大学生赖以学习、生活和成长的文化环境，对学生具有重要的导向、激励和规范的功能。校园文化是文化育人所依托的最重要的文化载体，对大学生而言是不可或缺的一种外在的给予。文化育人价值的实现，离不开校园文化功能的发挥。因此，文化育人工作一项极其重要的内容就是要加强校园文化建设，尤其是要构建起一套行之有效的校园文化建设机制，为全面优化校园文化环境提供保障。

校园文化建设的机制，是指为促进大学校园文化全面协调可持续发展，大学校园文化各构成要素之间相互联系、相互制约、相互作用的运行方式及其功能协调。它是校园文化建设规范化、制度化、科学化的重要保证。校园文化建设涉及学校不同层面、不同领域的诸多工作内容，是一项复杂而系统的工程。构建校园文化建设长效机制是促进校园文化良性发展、促进文化育人工作科学发展的关键。尤其是在文化大繁荣大发展的当今时代，构建校园文化建设机制的重要性更加突显。学校要从建立健全组织管理机制、激励机制、保障机制、监督评价机制等方面构建校园文化建设的机制。

第一，构建校园文化建设的组织管理机制。全校上下各级组织、各个职能部门和全校师生员工都要共同参与校园文化建设，如果没有学校的统一组织管理，很容易使校园文化建设工作碎片化、零散化，文化资源得不到有效整合、教育力量得不到凝聚，也很难保证校园文化健康有序发展。因此，要建立健全由学校党委书记负总责、党政协同、各级各类工作组织一把手负责抓落实、学生群团组织共同参与 团结协作的组织管理机制。学校党委要掌握文化建设规律，抓好顶层设计，研究确定校园文化建设的总目标、总任务、阶段性建设计划，组织制定科学、合理、可操作性强的校园文化建设的总体实施方案。学校党政领导要密切关注校园文化的建设和发展情况，洞察文化发展走向，要亲自参与各项校园文化建设工作的重大决策、亲自落实任务；主动解决在校园文化建设中遇到的困难和问题。要建立领导责任制和目标管理体制，明确各二级单位和各职能部门的领导责任、文化建设目标和任务，把校园文化建设的既定目标、任务分解，确定各单位的工作职责范围，纵向上层级负责，一级抓一级，层层抓落实，横向上分工协作，互补联动。

第二，构建校园文化建设的激励引导机制。校园文化建设的主体是全校师生，他们的工作动力和参与积极性如何直接影响着校园文化建设的质量和水平。因此，要增强校园文化建设实效，除了要有健全的组织管理体制之外，还需要在挖掘现有人力资源能动性、积极性方面下功夫，建立健全校园文化建设激励引导机制。要坚持以人为本，增强对全校师生员工的人文关怀，充分保证师生员工能够享受到各项应有的福利待遇，如增加经费投入，改善教师的生活和工作条件，满足他们的生存和发展需要，完善各种大学生奖助帮扶政策，改善大学生的学习和生活环境，让他们充分感受到学校对大家的关怀与爱护，激发他们的爱校荣校热情，调动他们的学习、工作、创新积极性，为繁荣校园文化发挥更大的潜能。要建立竞争机制，通过实施各级各类精品文化建设工程，鼓励师生员工在各个领域进行文化建设和文化创新，通过奖先评优、树立先进典型等建立"创先争优"激励导向，营造一种相互"赶、超、比、学"的积极向上、锐意进取的校园文化氛围，激发广大师生员工的文化创新热情，满足其精神文化需求。要建立约束激励机制，通过各种必要的管理手段或惩罚措施，强化师生员工的底线意识，增强正向思维，一方面抑制、消解不良的校园亚文化，激励广大师生员工自觉规范自身行为，积极进取，将内在动力外化为实际行动。

第三，构建校园文化建设的保障机制。开展校园文化建设需要有一些必要的条件保障，如必要的物力、人力、财力投入，必要的规章制度的建立，这些都是校园文化建设最基本的保障，离开这些条件保障，便不可能有效开展校园文化建设。因此，加强校园文化建设必须构建好保障机制，获得物质、人员队伍和制度等各方面的支持。要重视校园文化建设的物质保障，增加"硬件"设施投入，改善物质文化环境，如建设符合学校教育特点的文化场（馆），文化亭台、墙、廊，音乐厅，文化景观石，校园广播（电视）台、校刊（报）、宣传橱窗等，完善的物质文化设施是有效开展文化活动、提升校园文化品位的重要基础，也是校园文化建设的基础"硬件"保障。要重视校园文化建设的人才队伍建设。学校要按照校园文化建设的组织体系，有针对性地组建校园文化建设人才队伍，培养骨干力量，要做到明确岗位设置，明确岗位职责，有针对性地进行人员配备。要关心校园文化建设方面的精英骨干，如教学名师、知名学者、育人模范、文化艺术骨干分子等人员的切身利益，激发他们的文化创新热情，提升他们的精神文化感召力，培养一批能够引领校园精神文化、推动校园文化发展的人才队伍。要重视学校制度文化的培育。制度是具有明确目标系统的高度组织化和规范化的约束手段，是校园文化建设内在规律的反映和要求 。它集中反映了校园文化建设的内在规范性。学校要通过健全组织机构、完善规章制度、优化工作机制、规范各级管理来有针对性地培育制度文化。要通过有效的制度安排，发挥制度的约束和引导作用，如通过各种管理规章，加强对各类报告会、研讨会、讲座、论坛的管理，确保校园内传播的各类信息言论不偏离主流文化方向，进而借助制度文化的影响力，规范师生的行为，巩固校园文化建设的成果。

第四，构建校园文化建设的考核机制。校园文化建设事关大学人才培养质量的提升，事关大学精神的培育与升华，作为大学的软实力建设，它有明确的目标、任务、组织管理和建设工作体系。要有效开展校园文化建设，必须构建起一套行之有效的考核评价机制。要制定切实可行的校园文化建设工作考核指标体系，量化考核标准，明确考核要求。把各院系、各职能部门及各个工作领域教职工的校园文化建设工作纳入年度考核。结合工作实际，建立各级领导责任制和政绩考核制度，对照领导干部各自的校园文化建设工作目标和任务，组织进行年度考核。把教职工在校园文化建设方面取得的业绩（如在教学、科研、管理、服务方面取得创新成果或作为各领域工作精英被校内外媒体宣传、为师生传递正能量等）也纳入年度考核，并把考核结果与奖先评优、职务职称晋升挂钩，以激励和引导教职工结合自身岗位工作积极参与大学校园文化建设，为教育引领师生、繁荣校园文化贡献自己的力量。要建立校园文化建设的指标测评体系，建立科学合理的评估机制。学校要在规范测评指标、细化测评内容、完善测评办法的基础上定期组织测评，确保校园文化建设在不断总结经验、克服不足中创新发展。

（二）建立健全网络文化建设机制

与传统意义上的校园文化相比，网络文化具有信息的丰富性、资源的共享性、空间的虚拟性、交流的互动性、主体行为的平等性等方面的特征，在促进先进文化传播方面有着独特的优势。骆郁廷指出，网络文化是“校园文化发展的新形态”，是“文化交流的新载体”，是“大学德育的新渠道”，是“学生发展的新平台”，是“学校文化软实力的新拓展”。网络文化是校园文化的延伸，它既是校园文化的一个组成部分，又与社会紧密联系，网络文化建设同校园文化建设一样，也是一项复杂而系统工程，需要学校从组织保障、舆情引导、网络管理、舆情监控等方面进行机制构建。

第一，建立一套完整的组织保障机制。要加强领导。学校党委书记要亲自抓，并建立网络文化建设工作领导小组，吸纳学校信息办、网络中心、宣传、教师管理和学生管理等职能部门的负责人作为成员，领导小组下设办公室，就网络文化建设工作进行研究策划、统筹协调和组织运行。要健全组织。构建以信息办、网络中心、党委宣传部等职能部门作为专项职能如校园网络基础设施建设、网络运行、网络文化建设和舆情引导监控等责任主体，各二级单位作为属地管理责任主体的组织体系。各部门分工协作，共同为网络文化建设提供组织保障。要组建一支专家咨询队伍，专家尽可能涵盖思想政治教育、心理健康教育、医学教育、社会经济文化等各个领域，以便发挥专家在决策咨询和化解舆情危机中的作用。要培养一批网上“意见领袖”，发挥他们在大众传播中的引领作用。要明确责任。实行一把手负责制，对各职能部门和二级单位分别实行“职能”管理责任制和“属地”管理责任制，由“使用者”“运营者”“主管者”三级责任主体各负其责，实行责任追究制。要明确工作规范，健全规章。结合各职能部门和各二级单位的工作实际，明确其具体的工作职责、工作要求和工作规范，各单位要有领导负责网络建设和管理工作，要设负责网络舆情日常的信息员，要建立健全各种规章制度，规范校园网络言论。

第二，建立网络舆情引导机制。校园网络文化建设的根本目的是育人，是要以社会主义先进文化来育人，而网络文化因其自由性、开放性、复杂性和多元性的特点，不能完全符合育人的需要。因此，校园网络文化建设需要由学校主导，从加强先进文化阵地建设、加强大学生的思想道德及法治安全教育、发挥网络“意见领袖”作用入手，构建网络文化引导机制。

一要优化网络文化环境，加强社会主义先进文化阵地建设。网络纵横贯通，连接着整个世界，在网络上各种文化价值观相互交融碰撞、各种社会思潮风起云涌。要发挥网络文化的育人功能，就必须以社会主义核心价值观为引领，全面加强网络文化建设：要优化网络媒体资源配置，如加强主流网络媒体建设，扩大主流网络媒体的覆盖面、影响力；加强对非主流网络媒体的管理和引导，提升其传播社会主义先进文化的能力等促进网络文化的健康发展。要通过创建各级各类主题教育网站、论坛、博客、微信公众号等网络教育阵地，积极培育社会主义核心价值观，全面占领网络思想政治教育阵地。要培育有思想高度、知识广度、文化厚度、服务热度、时尚鲜度的精品文化，以学生喜闻乐见的形式去赢得关注，同时要按照习近平的要求，运用各类文化形式，生动具体地表现社会主义核心价值观，用高质量高水平的作品形象地告诉人们什么是真善美，什么是假恶丑，进而增强网络文化育人的实效性。

二要加强大学生素质教育，增强其网络文明自律意识。大学生在网络上的言行具有较强的自主性、随意性和相对隐蔽性，并随着大学生网络生活方式的不断深化，他们每人每天都要进行大量的网络言行交往，学校很难通过舆情监控的形式全面掌握大学生的一切网络言行，这就需要从网络行为主体（大学生）自身抓起，要全面加强大学生网络道德教育和法治安全教育，通过各级各类主题教育，如网络道德、法治、安全相关的教育讲座、案例讨论、网络应用技能竞赛等，广泛开展网络道德教育，积极宣传国家和学校在网络管理方面的法律规章，全面普及网络安全知识及自我保护技能，以全面提升大学生的网络道德水平及法治安全责任意识，引导大学生文明自律、自觉规范网络言行、安全有效利用网络，进而从整体上提升网络行为主体（大学生）的网络文明素养，规范大学生的网络言行，引导网络文化良性发展。

三要建立畅通的网络舆情表达渠道，消解大学生负性情绪，引导网络舆情。社会学家科塞提出了社会安全阀理论，认为敌对情绪的发泄具有安全阀的作用，即宣泄激烈的敌对情绪有助于社会结构的维持。大学生在日常的群体生活中会因各种问题或意见分歧而产生压抑的负面情绪，这些负面情绪，如果没有宣泄渠道，在心中积压太久，不仅不利于他们的心理健康，也会影响到他们在网络上的言行如消极、敌对、放纵、攻击等，进而影响网络文化环境的健康发展。因此，一方面，要建立通畅的信访渠道，通过校长信箱、校长接待日、学生信访日、学生服务热线等形式，听取学生反映问题、表达意见、帮助解决其困惑或现实问题、平复学生的情绪。另一方面，要利用网络加强大学生心理健康教育，如创办心理健康教育网站、开展在线心理咨询、在线“谈心谈话”类活动等，为学生疏导负性情绪，排解心理压力，引导学生正确处理在生活、学习、交往中遇到的各种挫折，以减少学生因不良情绪而产生的负面舆情。

第三，建立健全网络舆情监控机制。中共中央、国务院在2017年出台的《关于加强和改进新形势下高校思想政治工作的意见》（以下简称《新意见》）中指出，要“加强校园网络安全管理，营造风清气正的网络环境”。当前网络上不少媒体或者为追求更大的商业利益，或者是出于某些政治目的，批量生产着各类不良信息，以至于网络上充斥着各种血腥暴力新闻、各种明星八卦丑闻、各种政治恶意言论、各种低俗色情娱乐等，这些都极大地刺激着广大受众的神经，混淆着人们的视听。这对于正处在成长期、尚缺乏文化判断能力的大学生而言，每日面对海量而复杂的网络信息，他们很难全面、准确地辨别信息真伪，并进行理性思考和判断，也极易受到不良文化信息的误导，陷入人云亦云的误区。由于网络具有开放性、自由性、即时互动性、远程传播性等特点，学生非理性状态下发表的一些负面言论，一旦引起社会关注，很容易引发网络舆情危机，给学生和学校带来不利影响。因此，学校 要高度重视网络安全工作，建立健全网络舆情监控机制，确保校园网络文化安全。

一要重视网络安全，完善网络舆情监测体系。学校要结合工作实际，紧紧抓住重点环节和关键岗位，加强网络舆情监测体系建设。不仅要充分发挥学校网络信息中心的技术监测职能，还要在网络中心、信息化建设办公室、宣传部等相关职能部门和各院系师生群体中组建专（或兼）职的舆情信息员队伍，要求信息员要具有政治敏锐力、深刻洞察力和快速反应能力。通过建立舆情信息员制度、设置舆情收集监测点、建立信息收集监测制度和信息反馈制度，广泛收集信息，进行汇总。舆情信息员负责收集、监测一定范围内的网络舆情信息，一旦发现有异常的网络舆情信息，立即向学校指定的网络舆情监控部门汇报，并由该部门做出信息核查和相关处理。舆情信息员要密切关注校园师生对网络上传播的一些社会热点问题和敏感问题的舆情，还要紧紧围绕大学生关注的热点问题如管理、收费、就业等收集舆情信息，进行动态监测。

二要建立网络舆情应急防控机制，提升舆情危机应对能力。有些网络舆情如果监控、处理不当，很容易引发舆情危机，影响学校正常的工作秩序，甚至会影响社会的稳定。即便是发表一些爱国性的言论，也可能因情绪激愤而夹杂着一些非理性的内容，如果不加以正确的引导，一旦蔓延和失控，也会影响学校和社会的稳定。因此，学校要建立健全网络舆情的应急防控机制，有效化解舆情危机，以维护学校、社会稳定。要制定周密的校园网络舆情应急预案，并针对预案的内容组织相关人员进行必要的培训和操作性演练，建设一支精干的网络舆情应急队伍，提高网络舆情应急的快速而准确的反应力和实战能力。要对发现的苗头性问题，组织相关专家进行舆情分析和形势研判，并组织专门人力进行重点跟踪、监控，及时采取必要的正向引导和纠偏等预防措施，控制舆情发展方向，防患于未然。要建立舆情危机事件的快速反应机制，增强危机应对和化解能力。一旦发现有校园网络舆情危机事件发生，学校要立即启动应急预案，主管领导要迅速组织开展工作，相关人员要按照各自的职责分工，积极参与危机事件的处理。危机事件处理完以后，一方面要尽快在网上公布处理结果，引导师生正确认识、正确面对所发生的事件，并恢复学校正常的教学、生活秩序。另一方面还要密切关注该事件网络舆情的进一步发展情况，严防不法分子恶意炒作，使事件节外生枝，出现新的反复。

第四节　完善高校文化育人效果评价机制

2020年10月13日中共中央、国务院印发的《深化新时代教育评价改革总体方案》强调要系统推进教育评价改革，坚持科学有效，改进结果评价，强化过程评价，健全综合评价。时代高校文化育人要按照中央和教育部关于人才培养评价的要求，坚持育人导向，优化评价激励，强化文化育人效果评价的价值导向、过程导向、结果导向，增强效果评价的引领性、针对性、激励性。

一、价值导向：增强高校文化育人效果评价的引领性

新时代应以更广阔的国际视野、更长远的战略眼光对高校文化育人效果和质量评价做出总体设计，明确高校文化育人效果评价的价值导向，不断使文化育人同党和国家事业发展要求相适应，同人民群众期待相契合，同大学生成长发展的需求和实际相贴近。

统筹新时代高校文化育人效果评价的目标设定。高校文化育人效果评价的目标设定直接关系效果评价工作的实施和评价结果的情况。高校文化育人效果评价的目标必须是明确的，无论是评价者还是评价对象都对效果评价的任务及其进展有全面的认识。高校文化育人效果评价目标必须是可以精准描述出来的，而不是模糊不清的。高校文化育人效果评价的目标一定是可以实现的，也要充分考虑高校文化育人目标必须与其他目标的相关性，高校文化育人效果评价的目标必须关照和契合人的发展，与人的发展阶段性目标相关。高校文化育人效果评价的目标完成也必须有时间限制，判断事物的发展必须以一定的时空为条件，没有时间限制的目标是没有办法进行考核和评价的。

高校文化育人效果评价的目标设计也要统筹考量三个方面前提：一是要突出高校文化育人预期目标的科学设立。预期目标的设立对判定高校文化育人的效果非常重要，预期目标的设立，决定着高校文化育人工作执行的难度，进而决定着高校文化育人的效果。总体上来看，预期目标设置得越低，高校文化育人工作就容易完成，高质量育人效果的概率就越大；同样道理，预期目标设定得越高，高校文化育人工作执行难度就越大，高质量育人效果出现的概率就越小。因此，以不同的预期目标为前提，就会得出不同的育人效果评定结果，高校文化育人效果评价必须考虑预期目标设立问题。二是要重视对大学生思想精神文化现实状况的基本把握。按照思想政治教育评价的有效性理论，高校文化育人的有效性就是经过教育之后的大学生的精神文化状况优于或高于接受教育之前的思想道德和精神文化水平，接近或达到了预期的目标设定。高校文化育人效果评价与大学生思想道德和精神文化水平的评价直接相关，总体情况下，当大学生思想道德和精神文化素质好于过去水平，人们普遍对当前大学生思想道德和精神文化素质状况表示满意，就会得出高校文化育人效果好的结论。与之相反，如果人们普遍认为与之前相比，当下高校大学生的思想道德和精神文化素质总体比较差，就会得出高校文化育人效果不好的结论。由此可见，高校文化育人效果评价与当下和之前大学生精神文化素质状况的对比评定密切相关，要对高校文化育人进行全面科学的判断，必须对当下大学生思想道德和精神文化素质有全面真实的把握。三是对高校文化育人有效性的全面认定。高校文化育人效果评价，不仅要对预期目标合理性和对大学生精神文化状况的准确判断，还要对高校文化育人的效果、效益、效率以及有效性、实效性及其变化予以准确把握。不同的高校育人理念、人力、物力、财力投入，以及育人文化环境和氛围不同，而且同一高校的文化育人软硬件条件都是变化的。在高校文化育人预期目标和大学生精神文化状况一定的条件下，高校文化育人质量的高低就决定于高校文化育人的整体效果。因此，高校文化育人效果必然涉及三个前提，一是经验教育所要达到的理想目标状态，这是高校文化育人的“应然状态”；二是在接受教育前大学生思想道德和精神文化的自然状态，这是高校文化育人的“本然状态”；三是经过教育后大学生思想道德和精神文化水平达到的现实状态，这是高校文化育人效果的“实然状态”。与之相适应，科学客观有效的高校文化育人评价，必然要考量应然目标设立的合理性，本然与实然对比判断的客观性，本然达到应然的确定性。这三个方面互相依存，共同构成高校文化育人评价的前提，任何一个前提认识或判断的偏差都会导致高校文化育人效果评价的失准。

找准新时代高校文化育人效果评价的理论依据。依据什么样的理论构建高校文化育人效果评价体系，是评价工作的前提和基础。有学者研究认为马克思、恩格斯关于人的全面发展的论述为德育评估指明了目标和方向，唯物史观奠定了德育评估的基础，马克思、恩格斯的价值理论是德育评估的基石，有研究认为，马克思主义哲学提供了质量评价的科学依据，中国共产党主要领导人的相关论述为质量评价提供了强大的理论支撑，思想政治教育方面的政策法规为质量评价提供了重要的理论来源。有学者认为思想政治教育工作质量评价要把握时代特征，要坚持质量评价的正确政治方向，遵循质量评价的内在规律、体现质量评价的价值导向、注重质量评价的整体建构、完善质量评价的机制有研究提出，高校思想政治教育工作质量评价要开阔视野，要借鉴相关学科中的评价知识与方法，借鉴国外高等教育机构相关教育评价活动的做法与经验。各种理论研究和梳理为高校文化育人质量评价提供了借鉴和参考。高校文化育人是一项复杂的育人工作，其质量评价的理论构建要体现其本质要求和内在规律。国内外关于教育质量评价的理论和方法很多，高校文化育人效果评价应重点把握好以下理论。一是目标达成理论。这种理论主要是由美国学者泰勒提出的，他认为教育评价过程是一个确定课程与教学计划实际达到教育目标的程度 的过程，也是一种确定行为发生实际变化程度的过程。这种教育评估重视结果，轻视过程，这种观点认为教育评价实际上就是比较实际效果与预期效果之间的差距。二是过程评价理论。这种理论把教育评价作为一个过程，评价结果重视过程，轻视结果，认为教育评价的目的是优化过程。教育评价“不是为了证明，而是为了改进”。过程性评价理论认为教育评价不是一次性完成的，而是一个渐进性生成过程，教育评价不仅是阶段性的评价，还是一个长期性的评价。三是价值评价理论。这种理论主要从价值效用和功能角度来看待教育评价。艾斯纳认为教育评价根本上是教育鉴赏和教育评判，教育鉴赏是指细致欣赏教育现象及其要素的能力，教育批评则是展示鉴赏结果的方法，包括描述教育事件和对描述现象做出优缺点的价值判断。四是有效性评价理论。这种理论认为教育是一个效果、效益、效率的有机统一。对教育评价，既要考察其达到教育者、社会所期望的教育目的的程度，也要考察其符合教育对象思想变化规律的程度以及满足教育对象内在需要的程度，同时也要考察教育在实施过程中的成本投入与产生效果和效益的比例。由此可以理解，高校文化育人效果评价，既包括质量评价，也包括价值评价，是对高校文化育人有效性评价和育人价值评价的统一；既包括过程评价，也包括结果评价，是关注高校文化育人过程实施和关注育人目标达成的统一；既包括量化评价，也包括质性评价，是高校文化育人定性评价与定量评价的统一。简单来说，高校文化育人效果评价，不是单纯的技术性工作，也不是简单的现象客观叙述，是包含对高校文化育人质和量的描述和价值的判断；高校文化育人效果评价不但是为了评定绩效，也不只是为了做出决定，而是为了更好调控育人过程，更好实现育人目标。

聚焦新时代高校文化育人效果评价的价值设定。从“国之大计、党之大计”的高度来认识高校文化育人的战略地位。习近平总书记提出的“教育是国之大计、党之大计”的重要论断，是对新中国70多年教育改革发展经验的深刻总结，是从教育现代化发展实践中总结升华的理论成果。实现“两个一百年”奋斗目标，实现中华民族伟大复兴，归根到底靠人才，靠教育。高校文化育人效果评价的价值应聚焦人才培养是否实现了为国育人与为党育人的内在统一。从中国特色社会主义现代教育体系的“三个根本”认识高校文化育人的根本要求。根本问题：围绕培养什么人、怎样培养人、为谁培养人。根本任务：培养社会主义建设者和接班人。根本保证：加强党对教育工作的全面领导。古今中外之于教育概莫能及的事实就是，人才培养为统治阶级服务，为国家民族发展服务。新中国成立以来，我们党始终把“德育”放在培养目标的首位。文化育人是一个育人和育才相统一的过程， 而育人是根本。党的十八大以来，我们党围绕培养什么人、怎样培养人、为谁培养人这个根本问题，全面加强党对高校教育工作的领导，坚持立德树人，厚植学生爱国主义情怀，增长知识见识，加强学校思想政治工作，培养学生有大爱大德大情怀的人。着力培养学生的奋斗精神，引导学生树立高远志向，培养学生乐观向上的人生态度，做刚健有为、自强不息的人。在学生中弘扬劳动精神，在劳动中塑造学生的人格和心灵。习近平总书记强调，我们办的是社会主义教育，要培养社会发展、知识积累、文化传承、国家存续、制度运行所要求的人，培养一代又一代拥护党、拥护社会主义制度的时代新人。中国特色社会主义最本质的特征是中国共产党领导，中国特色社会主义制度的最大优势是中国共产党的领导，党是最高政治领导力量。党组织要“纵到底、横到边、全覆盖”，牢牢把握高校意识形态工作的领导权。“立什么德，树什么人”的问题是高校文化育人的根本问题，也是文化育人质量的目标指向。立德树人与中国特色社会主义事业不同阶段人才培养具体目标的统一，为高校育人工作指明了方向，要考察高校文化育人的实际情况，就要以立德树人为基点开展高校文化育人质量的评价。也就是说，高校文化育人质量评价围绕着立德树人根本任务展开，也就遵循了高校文化育人工作的正确方向。要聚焦高校文化育人正确的政治方向。习近平总书记反复强调，中国共产党的领导才是社会主义大学的本质特征，要坚持党对高校育人工作的全面领导，确保高校的社会主义办学方向不偏移、不走样，巩固培养社会主义事业建设者和接班人的坚强阵地。这就警示我们，只有坚持以马克思主义为指导，用习近平新时代中国特色社会主义思想铸魂育人，始终把社会主义核心价值观教育摆在更加重要位置，把党的期望和要求落实落细，熔铸于人才培养全过程，才能牢牢把握社会主义办学方向，夯实师生的思想文化根基，为高校师生提供强大价值引领。高校文化育人质量评价具有鲜明的文化价值导向性，通过质量评价，引导高校育人工作适应人的精神文化需求和社会先进文化建设的需要，保证高校文化育人工作高效有序运行，实现个体文化素质提升和社会先进文化价值的内在统一。在高校文化育人的实践和具体活动运行中，质量评价的功能和作用就在于对文化育人主体活动的正确方向做出认定，对育人过程进行判断调控，对育人效果做出价值判断。这种认定、调控和判断具有强大的激励和导向功能，使高校更好发挥“十育人”体系的文化功能，落实好以文化人、以文育人的要求，确保高校的人才培养工作坚持正确的政治方向。从教育改革发展的“六个坚持”基本方向认识高校文化育人的价值指向。坚持优先发展教育事业，中华民族素来有尊师重教的优良传统。把优先发展教育事业作为一种教育文化、质量文化。坚持扎根中国大地办大学，扎根中国，融通中外、立足时代、面向未来，使高校文化建设彰显中国独特的历史、独特的文化、独特的国情。坚持以人民为中心发展教育。现代化的核心是人的现代化，塑造灵魂、塑造生命、塑造新人，学校是基本场所，教育是根本途径，文化育人是重要手段。坚持以人民为中心的教育思想，让人民享受更公平而有 质量的教育，让每一名大学生的人生都能出彩。

二、过程导向：提升高校文化育人效果评价的针对性

面向中国教育现代化 2035，我国高等教育将进入“质量优先”的新时代。高校文化育人效果评价要充分关照我国教育现代化的质量要求，需要考虑效果评价的内容导向，效果评价的基本原则，提升育人效果评价方法途径的针对性有效性。

明确新时代高校文化育人效果评价的内容导向。有研究认为，大学生社会主义核心价值观培育的内容包括内容要素和呈现形式两个方面。从培育要素方面来看，不仅可以从国家、社会、个人三个层面观测，还可以扩展到对整个社会主义核心价值体系的培育。从呈现形式来看，主要聚焦在教育形式和传播形式两个方面。这为高校文化育人效果评价提供了重要启发。高校文化育人包含了育人主体、育人客体、育人内容、育人过程等要素，高校文化育人效果评价的内容，不仅是对高校文化育人内容的考察，更要从宏观上和整体上对整个高校文化育人的主客体状况、育人的内容和过程情况的把握，因此，高校文化育人效果评价的内容，主要应该从高校文化育人的需求侧、供给侧和管理侧三个维度来评估和判断。其一，是高校文化育人的需求侧评价。“需求侧”是一个经济学领域的概念，其主要含义是指在一定时期既定价格水平下，消费者有能力购买的商品或服务的意愿或需求及其满足程度。高校文化育人工作也可以看成一种为了党和国家事业发展以及大学生成长发展需要而提供的一种服务，只有为党和国家事业发展提供了有效服务和保障、为大学生的成长发展和精神文化需求提供了有效服务和满足，才是高质量的高校文化育人工作。需求侧评价关注的是主体需求及其满足情况，因此在高校文化育人效果评价中处于根本的核心的地位。高校文化育人的需求侧的内容要素主要包括：一是党和国家的事业发展需求以及对社会主义建设者和接班人培养的需求。在新时代就是看高校是否实现了正确的服务指向，是否做到了为人民服务，为中国共产党治国理政服务，为巩固和发展中国特色社会主义制度服务，为改革开放和社会主义现代化建设服务，就是要看高校是否承担起了新时代人才培养的责任和使命，致力于把培养担当民族复兴大任的时代新人紧紧抓在手里、扛在肩上。二是青年学生成长发展的现实需求，特别是大学生丰富多彩的高品位精神文化需求。在中国特色社会主义新时代，就是要看大学生的精神世界是否得到丰富、思想灵魂是否得到洗礼、价值观念是否得到塑造，要看大学生是否真心拥护和热爱中国共产党领导和我国社会主义制度，是否立志要为中国特色社会主义事业奋斗终身，立志成为现代化建设的有用人才，是否成为“有思想、有情怀、有责任、有担当的社会主义建设者和接班人”，是否能够正确认识世界和中国发展大势、科学理性地认识中国特色和国际比较、勇于扛起时代责任和历史使命，真正成为把远大抱负融入具体实践、脚踏实地担当民族复兴大任的时代新人。由于高校教师是高校文化育人的重要实施者，教育者的思想文化素质决定了教育的水平和青年学生的思想文化素质，教育者要先接受教育。因此，高校文化育人需求侧的内容要素也可以拓展到高校教师的发展需求，特别是高校教师的精神文化需求。在中国特色社会主义新时代，就是要聚焦高校教师是否自觉以德立身、以德立学、以德施教，自觉成为有坚定理想信念、有高尚道德情操、有扎实学识、有仁爱之心的“四有好老师”。其二，是高校文化育人的供给侧评价。“供给侧”是当下耳熟能详的社会主义现代化改革领域的热词。经济学领域的供给侧，主要是指在一定时间和价格条件下生产者能够提供商品数量或服务的情况。高校文化育人效果从本质上可以看成高校为党和国家事业发展需要以及青年学生成长及高校教师发展需要提供服务的能力和水平。中国特色社会主义新时代，高校文化育人供给侧评价要聚焦高校是否以落实立德树人为根本任务，加强理想信念和社会主义核心价值观教育，用习近平新时代中国特色社会主义思想铸魂育人；聚焦是否重视方式方法创新，重视丰富文化内容、创新文化教育和传播方式，发挥课堂教学主渠道和日常校园文化活动主阵地，积极占领网络思想文化阵地，切实增强高校文化育人的思想性、理论性和亲和力、针对性；聚焦是否重视各种文化资源和文化载体的整合利用，形成目标一致功能协同的高校文化育人共同体。三是高校文化育人的管理侧评价。高校文化育人是有目的、有计划、有组织的文化实践活动，高校文化育人的组织管理发挥着统领高校文化育人工作全局，协调高校文化育人需求侧和供给侧的作用。因此高校文化育人管理侧评价就是对高校文化育人的组织领导、统筹协调、激励保障等方面情况的评价。中国特色社会主义新时代，高校文化育人管理侧评价要聚焦高校是否牢牢把握社会主义办学方向，巩固马克思主义在高校意识形态领域的指导地位；聚焦高校党委及其各级党组织是否落实办学治校和人才培养主体责任、加强意识形态阵地管理，形成党委统一领导各部门各司其职协同配合的高校文化育人领导体系和工作格局；聚焦高校是否加强工作投入和保障，形成科学有效的高校文化育人运行机制和保障机制。

把握高校文化育人效果评价的基本原则导向。理论界关于思想政治教育质量评价的原则研究比较多。有研究认为大学生思想政治教育评价要坚持政策性与规律性相统一、专家主导与群众参与相结合、定性评价与定量评价相结合、直观评价与间接评价相结合、过程评价与结果评价相结合的原则。有研究提出高校思想政治教育工作质量评价要坚持政治评价与业务评价相统一、坚持客观评价与主观评价相统一、坚持结果评价与过程评价相统一、坚持定性评价与定量评价相统一、坚持精准评价与模糊评价相统一。有研究提出高校思想政治教育质量评价要处理好即时评价与长效评价的关系、整体评价与局部评价的关系、静态评价与动态评价的关系、定量评价与定性评价的关系，有研究则提出了高校思想政治教育实效性评价的指标设置原则，认为高校思想政治教育实效性评价的指标应以政策为指导，应体现教育效果的合目的性、教育目标的层次性和教育评估的全面性。高校 文化育人作为高等教育或高校思想政治教育的范畴，已有关于高等教育领域相关质量评价的原则研究可以为高校文化育人质量评价原则的设置提供重要依据和参考。综合相关研究，高校文化育人质量评价应该重点把握以下原则：一是政治性与规律性相统一的原则。2017年5月3日习近平总书记在中国政法大学考察时强调，高校党委要履行好管党治党、办学治校的主体责任，把思想政治工作和党的建设工作结合起来，把立德树人、规范管理的严格要求和春风化雨、润物无声的灵活方式结合起来，习近平总书记提出的严格要求与灵活方式的结合的工作原则和要求，实际上就是政治性与规律性相结合的原则要求。习近平总书记在2019年3月18日学校思想政治理论课教师座谈会上也提出，思想政治理论课守正创新要坚持政治性与学理性相统一的原则，学理性从本质上讲也是对规律性的把 握。政治性是指高校文化育人质量评价必须坚持正确的政治方向，符合党的路线和方针、政策。

教育要为党治国理政服务，为社会主义建设服务，高校文化育人质量评价体系的价值观要“集中体现在一定时期党和政府有关思想政治教育的政策法规中”。这是高校文化育人必须坚持的政治原则。规律性原则是指高校文化育人质量评价必须遵循其自身的规律，按照客观规律办事。规律是事物发展过程中本质的必然的联系。高校文化育人要充分挖掘育人要素，完善育人机制，优化激励导向，强化工作保障，充分发挥“十大育人体系”中的文化育人功能，遵循思想政治教育规律、大学生成长规律和文化传播发展规律，“把立德树人的成效作为检验学校一切工作的根本标准，真正做到以文化人、以德育人，不断提高学生思想水平、政治觉悟、道德品质、文化素养，做到明大德、守公德、严私德”。政治性评价与规律性评价是密切联系、不可分割的。政治性评价决定高校文化育人效果评价的性质和方向，规律性评价是高校效果评价的前提和基础，离开了政治性 评价高校文化育人效果评价就会偏离方向，离开规律性评价高校文化育人效果评价就没有了基础。二是底线性与过程性相统一的原则。底线标准评价是指明确制定高校育人工作运行各环节的底线标准和底线规范。习近平总书记非常重视运用底线思维的方法看待问题、解决问题，强调要善于运用“底线思维”的方法，凡事从坏处准备，努力争取最好的结果，这样才能有备无患、遇事不慌，牢牢把握主动权。适度原则是底线思维的本质内涵，高校文化育人效果评价坚持底线思维，就是要把握高校文化育人质变量变关系中的“度”，提高文化育人的平衡性和适度性。过程评价是指在底线标准之上，围绕高校育人目标来制定短期及中长期发展规划或工作计划，效果评价要根据发展规划或工作计划实施情况，提出改进意见，以此来促进高校文化育人质量的提升。习近平总书记强调，我们做一切工作，都必须统筹兼顾，处理好当前与长远的关系。我们强调求实效、谋长远，求的不仅是一时之效，更是长远之效。由于高校文化育人工作是一个动态的、系统的工程，高校文化育人效果评价既要关照当下的实际工作和效果，又要着眼长远，坚持动态的、发展的眼光，关照高校文化育人的动态变化和长期效果。在高校文化育人质量评价中，底线性评价和过程性评价是内在统一的，底线是过程中的底线，过程是有底线的过程，底线关照效果评价的限度，过程关照效果评价的发展。三是统一性与多样性相统一的原则。习近平总书记在2019年3月18日学校思想政治理论课教师座谈会上提出思想课改革创新坚持统一性与多样性相统一的要求，这个要求虽然是针对思政课教学提出来的，但也是适用于高校文化育人的普遍性原则要求。高校文化育人坚持统一性，就是人才培养目标、人才培养内容、人才培养管理等方面的要求是统一的；多样性就是不同层次不同类型高校要“因地制宜、因时制宜、因材施教”。与此相适应，高校文化育人效果评价坚持统一性原则，就是评价的目标、标准、流程等是统一的；高校文化育人效果评价坚持多样性原则，就是要充分关照不同层次、不同类型学校的实际情况，充分关照大学生丰富多彩的成长发展需求，“一把钥匙开一把锁”。在高校文化育人评价中，要牢牢把握统一性评价与多样性评价的辩证统一。四是精准性和模糊性相统一的原则。习近平总书记特别强调开展工作的精准性，比如谈到精准扶贫，他强调要对不同原因、不同类型的贫困，采取不同的脱贫措施，对症下药、精准滴灌、靶向治疗。高校文化育人效果评价的总体目标、评价内容、指标体系等是决定评价结果的关键，必须清晰明确，各项评价指标的内涵要义、外延要素必须清晰明确，而且是可测量、可观测的，高校文化育人的效果评价结论也必须是清晰明确的，不能模棱两可、含糊不清。同时，由于高校文化育人的特殊性，决定高校文化育人评价只采用精准评价是不行的，必须与模糊评价相结合。有学者研究认为高等教育质量本身是一个灰色系统，高等教育质量是一个模糊概念。由于高等教育质量内涵明确但无法准确计量，外延广阔但无法准确把握、无法进行完全的质量量化评价。高校文化育人工作说到底也是做人的工作，要围绕学生、关照学生、服务学生，这充分说明了高校文化育人工作的抽象性和复杂性，也体现了高校文化育人精准测评的难度和模糊性评价的必要性。如对大学生文化自信的状况的评价，本身是比较抽象的，我们就需要通过大学生对坚持马克思主义、拥护党的领导的决心，对中国特色社会主义道路的自信，对共产主义信念等情况的判断，用模糊评价的方式，把定性的问题转化成定量分析，用数理的方法测算出来。在高校文化育人质量评价中，精准性评价和模糊性评价是相辅相成、互相补充的，体现了高校文化育人评价工作的特殊性、质量评价标准的相对性和质量评价结果精确性的内在统一。

加强新时代高校文化育人效果评价的方法和路径选择的针对性。高校文化育人评价的方法和路径研究方面，理论界有不少成果可以借鉴。有研究从高校二级院系学生工作考评、高校辅导员工作考评、高校学业导师（班主任）工作考评等方面提出了大学生思想政治教育工作评价的实践路径。有研究提出人文关怀同高校思想政治教育工作质量评价目的相契合、标准相依存、过程相适应、环境相交融，人文关怀以一种重要的价值理念和方法途径在高校思想政治教育工作质量评价的目的指引、标准依循、过程展开、环境营造等方面发挥重要作用。有研究从评价理念、评价模式、评价内容、评价手段四个维度提出了高 校社会主义核心价值观教育评价的路径，认为在评价理念上要树立发展性评价理念，在评价模式上要以“质量”“效果”为重点，在评价内容上要加强基础理论研究和实践应用研究，在手段上要实现评价手段的多样化。高校文化育人的质量评价有其特殊规定性和要求，必须从方法路径上把握好质量评价的中心向度、动态变化，以达到对高校文化育人质量的精准描述。一是在内部评价和外部评价的协同中把握高校文化育人质量评价的重心向度。高校文化育人工作评价的重心在哪里，应该把握什么样的基本向度，也就是说高校文化育人质量评价到底是谁的标准，评价由谁来决定？对于这个问题要通过高校内部各类评价和高校外部质量评价的协同来做出基本回答。1993 年，《中国教育改革和发展纲要》指出，要采取领导、专家和用人部门相结合的办法对高校人才培养情况进行评估和检查，要求重视了解用人单位对毕业生质量的评价。2012年，《教育部关于全面提高高等教育质量的若干意见》要求建立“政府、学校专门机构和社会多元评价相结合的教学评估制度”2015年修订的《中华人民共和国高等教育法》明确高等教育要建立教育质量评价制度，教育行政部门负责组织专家或者委托第三方专业机构对高等学校的办学水平、效益和教 育质量进行评估。评价主体的多元构成是高等教育一贯的追求和探索，这是必要的，但在高校文化育人质量评价实践中，哪些因素应该被确定为质量评价的主体，各方主体应该以什么样的方式参与到质量评价活动中，以哪一方主体的意见为主导，以保障高校文化 育人质量评价不偏离方向，这是今后需要深入研究的问题。二是在日常性总结和阶段性评价的融合中把握高校文化育人工作的动态变化。日常总结一般是高校各单位、部门和各院系对自身开展人才培养的基本定位、实施情况、基本效果、存在问题、经验收获等进行反思性的总结和判断，是对高校内部各单位文化育人日常工作整体情况的研判和总结。阶段性评价一般是高校和相关部门单位通过年度考核、述职答辩、书面评价等方式对本校各院系人才培养情况做出阶段性评价，这种评价既是对前面一段时间工作的总结，又是对后面一段时间工作的部署和安排。日常性总结和阶段性评价实际上是高校内部各部门自身总结与高校评价的有效结合，这是高校内部关于人才培养质量调控的普遍采用而又有效的方式。通过这种方式，可以对高校文化育人动态情况进行真实、客观的把握。三是在定性评价和定量评价的统一中强化高校文化育人效果的精准描述。高校文化育人的效果评价要借助一系列的评价指标表现出来，根据这些指标的特殊性，需要通过定性评价和定量评价做出科学的判断和描述。定性评价以事物的规定性为客观依据，采取归纳和演绎、分析与综合、抽象与概括以及经验判断和观察的方法，侧重从宏观的角度对事物做出方向性、倾向性的价值判断。高校文化育人效果的定性评价就是通过对评价对象整体的把握和性质的判断，以把握高校文化育人的效果和价值。比较分析法和系统分析法就是两种常用的定性分析方法。比较分析法主要通过教育对象接受教育前后的行为进行比较来确定高校文化育人的实效效果。系统分析法主要依据系统论的基本原理和方法对高校文化育人状况进行分析和评价。定量评价主要是运用数学方法对高校文化育人表现出来的各种量的关系进行收集、整理和分析，从数量上相对精确地反映评价对象的局部或整体面貌，并做出结论性评价。模拟情景法和模糊综合法是两种比较常用的定量分析方法。模拟情景法主要运用数理统计工具，通过案例、小组讨论和口试等环节测试受教育者的思想文化素质。模糊综合法利用数学相关理论将定性问题转化为定量问题进行评价。在高校文化育人效果评价中，定性评价与定量评价各有侧重，缺一不可。定性评价注重对高校文化育人“质”的判断，是对高校文化育人工作本质属性的鉴别与确定；定量评价注重“量”的把握，是对高校文化育人工作综合特征和水平的描述与表达。只有定性评价和定量评价的有机统一，才能做到对高校文化育人效果的全面、科学、精准的描述和判断。

三、结果导向：强化高校文化育人效果评价的激励性

高校文化育人效果评价结果的运用是高校文化育人效果评价的重要组成部分，是对高校文化育人评价的活动的持续。高校应充分发挥高校文化育人效果评价的导向、激励功能，进一步促进和保障高校文化育人质量提升。

发挥好高校文化育人效果评价的导向功能。高校文化育人是一项激荡心灵、沐浴心智、温润灵魂的工作，不能拍脑袋凭空想象、根据感觉实施，更需要在实践中检验和调整优化。从高校文化育人的整体来看，高校文化育人效果评价结果是对高校文化育人的顶层设计、精力投入、资源整合、创新创优等方面工作的全面展示，要将效果评价情况作为下一步高校文化育人的制度设计、条件保障、基本投入、资源整合等育人过程调控的重要依据。用育人效果评价结果促进教育理念的转变，更加深化对文化育人教育要素的把握。以往我们探究和考察教育要素，更多是从可观测的教育场所、教育主体、教育内容、教育媒介等角度来揭示教育构成的。今天我们再观测教育要素，我们认为教育更多时候是作为一种关照精神（心灵）成长的活动，而精神是无形的，但比有形的东西更不可缺少。评价本身是教育的一种存在形态，通过文化育人效果评价，调整教师的育人行为，使教师和学生的日常交流、教学互动中，渗透价值引导，帮助学生形成自我认知和立身行事的是非标准。教育的方向很大程度上决定着教育方法的选择，要通过文化育人效果评价保证文化育人的正确政治方向，遵循科学的教育规律和育人方法，更加强化高校人才培养中文化作用的发挥，通过富有感染力和吸引力的文化浸润和思想感化，给学生春风化雨、润物无声的浸染。文化育人效果评价作为学校治理体系现代化的重要手段，促进学校人才培养由“管理”向“治理”的转型，要求在人才培养中更加体现育人手段的温和性、柔软性，更加强调管理的人文化导向，更加注重学生的成长体验和心理感受，使学生在学校的文化场域中快乐成长。

发挥好高校文化育人效果评价的激励功能。什么样的评价必然体现着什么样的文化，什么样的文化就会转化成什么样的组织力量，高校作为一种特

殊的社会组织，育人效果评价本身就是高校组织文化的体现。当人的物质文化满足后，精神文化需求就会更加突出，随着人们物质条件的改善和高校总体待遇的提高，教师的自我价值的实现对激发其热心工作、真心育人的作用更大，以效果评价强化激励，可以更加激发教师对自我价值实现的自我认知和对自我效能感的主观体验，能够给人以更多的温暖体验，实现高校在充满温情和关怀的文化氛围中凝聚人心、激发热情。文化是教育的灵魂，只有在充满温情的文化环境中，才能生长出和煦、宽厚的心灵，只有在充满关爱的氛围中，才能培育出素质健康完美的人格，也只有在充满尊重、尊严和激励的氛围中，才能激发人潜心工作的内生动力。高校文化育人效果评价反映了高校文化的能力素质，要将评价结果与学校内部各单位部门的绩效考评挂钩，使高校文化育人情况与单位发展呈正相关。将效果评价结果与教师的成长发展、激励保障挂钩，成为教师发展价值引导和精神激励的重要手段，激励教师更加爱岗敬业，在平凡的岗位上创造卓越。感情留人、事业留人、待遇留人，最有效最持久的还是感情留人，只有暖人心、聚民心、增信心的组织文化才能增加教师对学校的认同，才能更好激发职工的育人热情。因此，高校文化育人效果评价作为一种文化，可以转化为为学校争荣光、为育人比奉献的信心信念，从而更加促进育人工作的开展和育人质量的提升。

坚持辩证思维用好高校文化育人效果评价结果。人的文化发展是一个复杂的长期过程，在一定时空内的阶段性的高校文化育人评价结果，对于一个不断发展变化中的人来说，不是绝对的好或坏，其价值在于对作为学习者的大学生学习过程中获得感的判断，以及对学生学习兴趣和主动性的把握。从高校文化育人的实际来看，实践是不断变化发展的，真理都是相对性和绝对性的统一，逻辑之真可能因为实践的发展、条件的变化以及事物之间联系的变化，真理不再是真理。价值之真也只能在实践中接受检验才能成为真理，而随着实践的发展，价值之真也可能就是相对之真。高校文化育人作为一种价值判断，其结果也要辩证地看待，不能在文化育人质量评价问题上搞绝对化，也不能搞一刀切。要坚持辩证思维，只有辩证地看待高校文化育人质量评价的结果，才能找准一定时空内高校文化育人 的主要矛盾和根本问题，才能抓住文化育人牵一发而动全身的“牛鼻子”。要坚持文化育人质量评价的底线思维。教育的过程就是一个不完美的人引领着另一个（或另一群）不完美的人追求完美的过程。高校文化育人效果评价的价值更在于为上级管理部门掌握情况的必要性为限度。

参考文献

[1]马克思恩格斯选集（第1、2、3卷）[M]．北京：人民出版社，2012.

[2]马克思恩格斯全集（第19卷）[M]．北京：人民出版社，1963.

[3]马克思恩格斯全集（第 23卷）[M]．北京：人民出版社，1972.

[4]马克思恩格斯全集（第42、46卷）[M]．北京：人民出版社，1979.

[5]马克思恩格斯全集（第49卷）[M]．北京：人民出版社，1982.

[6]列宁全集（第55卷）[M]．北京：人民出版社，1990.

[7]江泽民文选（1—3卷）[M]．北京：人民出版社，2006.

[8]习近平总书记系列重要讲话读本[M]．北京：学习出版社，人民出版社，2014.

[9]习近平谈治国理政[M]．北京：外文出版社，2014.

[10]习近平关于实现中华民族伟大复兴的中国梦论述摘编（小字本）[M]．北京：中央文献出版社，2013.

[11]十六大以来重要文献选编（下） [M]．北京：中共中央文献出版社，2008.

[12]十八大以来重要文献选编（上）[M]．北京：中央文献出版社，2014.

[13]刘洪一．文化育人[M]．北京：商务印书馆，2012.

[14]骆郁廷．精神动力论[M]．武汉：武汉大学出版社，2003.

[15]乔翔．马克思人的解放思想研究[M]．北京：中国社会科学出版社，2012.

[16]人学思潮前沿问题研究[M]．北京：社会科学文献出版社，2010.

[17]沈壮海．思想政治教育的文化视野[M]．北京：人民出版社，2005.

[18]眭依凡等．大学文化思想及文化育人研究[M]．杭州：浙江大学出版社，2016.

[19]孙麾，林剑．马克思的文化观与当代中国文化建设[M]．北京：中国社会科学出版社，2015.

图书在版编目（CIP）数据

高校文化育人研究 / 王恩惠著
. -- 湘潭 : 湘潭大学出版社, 2024.3
ISBN 978-7-5687-1360-3

Ⅰ. ①高… Ⅱ. ①王… Ⅲ. ①高等学校—文化素质教育—研究—中国②高校管理—研究—中国 Ⅳ. ①G640 ②G647

中国国家版本馆 CIP 数据核字（2024）第 041707 号

高校文化育人研究

GAOXIAO WENHUA YUREN YANJIU

王恩惠 著

责任编辑：刘文情
封面设计：张　波
出版发行：湘潭大学出版社
社　　址：湖南省湘潭大学工程训练大楼
电　　话：0731-58298960 0731-58298966（传真）
邮　　编：411105
网　　址：http://press.xtu.edu.cn/
印　　刷：长沙印通印刷有限公司
经　　销：湖南省新华书店
开　　本：710 mm×1000 mm 1/16
印　　张：9.5
字　　数：214 千字
版　　次：2024 年 3 月第 1 版
印　　次：2024 年 3 月第 1 次印刷
书　　号：ISBN 978-7-5687-1360-3
定　　价：60.00 元